Todobebé®

Todobebé®

Ahora tu bebé viene con un manual de instrucciones

Todo lo que Necesitas Saber para
el Primer Año de Tu Bebé

JEANNETTE KAPLUN

rayo   *Una rama de HarperCollinsPublishers*

FOTOGRAFÍA

Lisa Sandler, fotógrafa principal y editora
    fotográfica
Mónica Giraldo
Margarita Escobar
Jeannette Kaplun

LOCACIONES DE FOTOGRAFÍAS

Miami Children's Hospital
Miami Children's Museum

ASESORÍA FOTOGRÁFICA

Liga de la Leche:
Ana Estorino-Uribaster
María del Mar Mazza

GRUPO MÉDICO REVISOR

Dr. Roberto Infante
Director del programa de Investigación de
    Reproducción Humana
Florida Institute for Reproductive Sciences and
    Technologies (F.I.R.S.T.)

Julián Alfaro, MD
Department of Family Medicine
Santa Monica—UCLA Medical Center
David Geffen School of Medicine at UCLA

Marcos Akerman, MD FAAP
Pediatra del Joe Di Maggio Children's Hospital y
    Miami Children's Hospital

Rosaly Correa-de-Araujo, MD, MSc, PhD
Directora, Women's Health & Gender-Based
    Research
AHRQ (Agency for Healthcare Research and
    Quality) del Department of Health and Human
    Services

Ana L. Nogales, PhD
Psychologist PSY 11317
Casa de la Familia y Nogales Psychological
    Counseling

Deise Granado-Villar, MD, MPH, FAAP
Directora de Preventive Medicine and Ambulatory
    Services
Miami Children's Hospital

Cristina Visona, MS, RD, LDN
Miami Children's Hospital

Helena Duch, Psy D.

NUESTROS MODELOS PRINCIPALES

Charlie Sandler Manzano
Sofía Braun Kaplun
Michael Braun Kaplun
Gabriela Ospina Giraldo
Laura Ospina Giraldo
Matías Ruiz Escobar
Lucy Mai Mitnick

PRIMERA EDICIÓN RAYO, 2006

Diseño del libro por Nicola Ferguson

Library of Congress ha catalogado la edición en inglés.

ISBN-13: 978-0-06-087321-9
ISBN-10: 0-06-087321-3

06 07 08 09 10 DIX/RRD 10 9 8 7 6 5 4 3 2

Este libro se lo dedico a Michael y Sofía,
con quienes he comprendido el sentido
de la vida.

Agradecimientos

Este libro no habría nacido si no hubiese contado con el apoyo de muchas personas que siempre me alentaron a seguir adelante con este sueño. Más que nada, es un tributo a los padres del mundo, que durante años han compartido con el equipo de Todobebé sus angustias, alegrías, temores, testimonios y descubrimientos. También le agradezco a los expertos que durante años nos han ayudado a responder las miles de dudas que asaltan a los padres.

A los doctores y especialistas que nos colaboraron con sus revisiones y sugerencias, quiero decirles cuánto valoro el tiempo que se tomaron para leer este libro antes de que tomara su forma final: Dr. Roberto Infante, Dra. Ana Nogales, Dra. Helena Duch, Dr. Julián Alfaro, Dr. Marcos Akerman, Dra. Rosaly Correa-de-Araujo, Dr. Mauricio Bitrán, Dr. Edward Fidalgo, Dra. Deise Granado-Villar y Cristina Visona.

Una mención especial merecen Ana Estorino-Uribaster y María del Mar Mazza, de la Liga de la Leche, quienes nos brindaron asesoría para asegurarnos que las fotos sobre la lactancia mostraran qué hacer de manera correcta.

Hablando de fotografías, nuestra fotógrafa principal y editora fotográfica Lisa Sandler logró plasmar con su lente y creatividad los momentos exactos que necesitábamos para ilustrar este libro. El resultado de su profesionalismo y sensibilidad podrá guiar de manera visual sobretodo a los padres primerizos. Gracias también a nuestros modelos principales: Charlie Sandler Manzano, Sofía Braun Kaplun, Michael Braun Kaplun, Gabriela Ospina Giraldo, Laura Ospina Giraldo, Matías Ruiz Escobar y Lucy Mai Mitnick.

No puedo dejar de mencionar al maravilloso equipo de Todobebé que trabajó de mil maneras para que este libro llegara a sus manos. Sin la fuerza de mi amiga y cómplice, Gillian Sandler, no estarían leyendo estas líneas, ya que ella siempre ha creído en la ayuda que podemos brindar a los padres del mundo, pero más que nada, ha creído en mí. Sin la ayuda sincera e incondicional de Mónica Giraldo (quien además es fuente de inspiración continua para mí), no habría terminado de recopilar información esencial y hay capítulos que quizás habrían quedado incompletos sin sus sugerencias. Sin la coordinación de Cynthia Nelson, este proyecto no se habría concretado, al igual que si no hubiese contado con la colaboración de Julia Dangond y nuestros productores, reporteros y técnicos.

Quisiera agradecer a mi editora, Andrea Montejo, por su paciencia y consejos, al igual que a todo el equipo editorial de Rayo y HarperCollins.

Aunque sea una paradoja, he dejado para el final, mi más valiosa fuente de inspiración para todo lo que hago: mi familia. Detrás de este libro hay un gran hombre, mi esposo Joe, quien nunca ha dejado de apoyarme con su amor. También me han apoyado mis padres, a quienes agradezco su amor incondicional y sus continuas enseñanzas a pesar de la distancia. A mi hermano, le doy las gracias por quereme como soy y espero que este libro le sirva algún día. A mi cuñada Lily, por haberme enseñado a cuidar un bebé y cambiar un pañal (entre muchas otras cosas), y a mis amigas, les agradezco que sean mi segunda familia. No me he olvidado de mis hijos, mis milagros, mis tesoros. Michael y Sofía, sus sonrisas iluminan mi vida y nunca sabrán cuánto he aprendido de ustedes.

agradecimientos

Contenido

Cuidar un Bebé Prematuro—¡Ojo con el Virus Sincitial o RSV!—
¡El Desarrollo de un Prematuro Es Igual que en Otros Niños?

Año—Grupos de Juego o *Playgroups*—La Televisión ¿Se Puede Usar como Diversión?

UNO

Conociendo a Tu Recién Nacido

Felicidades! Has iniciado la aventura más increíble que te puede tocar como ser humano: tener un hijo. Te esperan momentos de muchas dudas, alegrías y frustraciones a la vez, y estamos aquí para acompañarte en esta aventura que te dará las mayores satisfacciones que te puedas imaginar.

Pero seamos realistas. Más allá de la felicidad de haber dado a luz y de tener a tu bebé, también comienza un proceso de adaptación que no es nada fácil. Tanto tú como tu hijo están conociéndose. Y si no es un primer bebé, igual te habrás olvidado de muchas cosas y de lo difícil que pueden ser las primeras semanas.

Muchas veces el amor inconmensurable del cual tanto se habla es automático, pero muchas otras, no. Y eso puede sorprender sobre todo a una mamá primeriza que tiene sentimientos encontrados frente a este maravilloso ser que requiere de su completa atención y dedicación. Puede sentirse hasta culpable de mirar a su hijo y preguntarse "¿En qué me metí? ¿Qué hago ahora?"

Tan pronto nace tu bebé, empieza un lindo proceso de conocimiento y enamoramiento mutuo que se profundiza con cada día que pasa.

Aun sabiendo que eso puede suceder, no es nada fácil vivirlo. Uno tiene muchas expectativas (demasiadas, diría yo), y las cosas no siempre son como uno se las imagina. Lo que sí es cierto es que cada día que pasa los lazos se hacen más fuertes, empiezas a saber qué esperar y a darte cuenta de que sí es una situación manejable. "Me acuerdo que miraba a mi hija en el hospital y me parecía un ser extraño, pero con el pasar de los días nos fuimos conociendo y finalmente llegué a sentir el amor sin límites del cual hablan todas las mamás," confiesa Viviana Flores.

El Apego: ¿Amor a Primera Vista o Gradual?

Aunque no lo creas, recién en los años setenta se le empezó a dar importancia al concepto del apego entre los padres y el recién nacido, es decir, el vínculo afectivo. Dos pediatras comenzaron a destacar la importancia de las primeras horas después del nacimiento para que tanto mamá como papá empezaran a "enamorarse" de su bebito.

Esos primeros momentos son cruciales para el desarrollo del lazo afectivo entre los padres y el hijo que acaba de nacer. Por ello es importante incluir al papá lo más posible en el parto, ya que se ha comprobado que aquellos padres que están en el alumbramiento y que hasta cortan el cordón umbilical del bebé, tienen lazos más fuertes con sus hijos. Asimismo, los expertos recomiendan que la madre intente amamantar al bebé en la hora después del parto, si es posible desde un punto de vista médico.

¿Por qué es tan importante este nexo que empieza a crecer cuando sale el bebé de la barriga? Se ha comprobado que los niños que han sentido amor incondicional desde chiquitos, tienen un mejor desarrollo cuando crecen.

Es más: los bebés que son abrazados y acariciados con frecuencia tienden a engordar y crecer más. Eso es algo especialmente importante en el caso de los prematuros.

Esos primeros momentos con mi bebé ayudaron a forjar un lazo afectivo maravilloso.

Por lo tanto, aprovecha los primeros días para conocer a tu bebé, cargarlo en brazos, darle un masaje muy suave, platicarle… En fin, para irte enamorándote de este ser tan indefenso y maravilloso que trajiste al mundo.

Conoce a Tu Bebé

Durante meses idealizamos al bebé que llevamos en la barriga. Cuando finalmente nace, a veces nos sorprende cómo se ve en realidad un recién nacido. Puede habérsele deformado temporalmente su cabecita al nacer, su piel puede estar arrugada o parecer reseca (algo común sobre todo en los bebés que nacen después de las cuarenta semanas de gestación), sus uñas pueden estar increíblemente largas para un ser tan pequeño o su cuerpecito puede estar lleno de unos vellos delgados que se caerán en algunas semanas más. Cuando los bebés nacen antes de

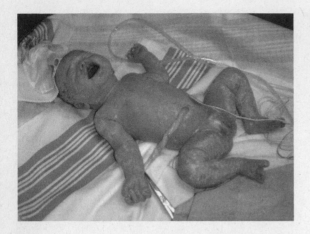

Esta bebita recién nacida aún tiene restos de vernix en su cuerpo, vello blanco y delgado, y parte del cordón umbilical.

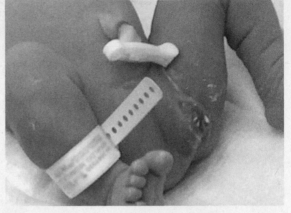

No te asustes si los genitales de tu recién nacido están hinchados ¡Es completamente normal!

las treinta y nueve o cuarenta semanas, incluso salen del vientre materno recubiertos por una sustancia blanca y pegajosa llamada *vernix,* que sirve para proteger su piel mientras los rodea el líquido amniótico.

También te puede impresionar que tu hijo se ponga bizco cuando abre los ojos (algo completamente normal) o que mientras duerme parezca sonreírse (en pocas semanas más las risas serán reales). Otra cosa muy común es que los padres primerizos se asusten cuando su recién nacido empieza a estornudar en el hospital o cuando llegan a la casa. Pero no creas que es a causa de un resfriado o catarro; es una manera de oxigenarse e ir limpiando los pulmones y la nariz de la mucosidad y del líquido amniótico. Es decir, es como un reflejo. Asimismo, es normal que sufra de hipo.

No podemos dejar de mencionar ciertas características de los genitales de los recién nacidos. Debido a las hormonas que la mamá les traspasa a través de la placenta, es normal que las "zonas privadas" de tu bebé estén muy hinchadas e incluso sean desproporcionadas en tamaño respecto al resto de su cuerpecito.

En las niñas hasta puede haber ciertas secreciones sanguinolentas que salen de la vagina. Los pechos también pueden estar hinchados sin importar si el bebé es niño o niña. En pocos días, todas las características antes mencionadas se normalizan.

En todo caso, de algo puedes estar seguro: tu bebé cambiará muchísimo en los primeros días.

Hay veces, eso sí, que la apariencia del bebé arroja pistas sobre su salud. Puede ser que nuestro chiquilín tenga un aspecto bronceado y con el pasar de los días hasta los ojos se le vayan poniendo amarillos. Esto aunque es muy común, no es normal, sino que es algo característico de la ictericia. Quizás nunca has escuchado esta palabra, pero todo padre debe saber qué es. Sigue leyendo...

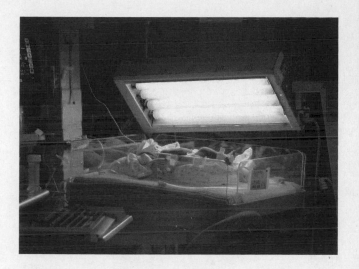

Este bebito con ictericia es tratado con fototerapia dentro de una incubadora.

¿Qué Es la Ictericia?

Lo que sí es muy importante antes de abandonar el hospital (si diste a luz en uno) es asegurarse de que el bebito no esté sufriendo de ictericia (*jaundice* en inglés), es decir, que se esté poniendo amarillo por tener un nivel elevado de bilirrubina en la sangre, lo que lo hace lucir bronceado. Esto es algo muy común entre los recién nacidos, y si es detectado y tratado a tiempo, no deja secuelas. Si la bilirrubina llega a niveles muy altos, suele tratarse con una luz artificial especial. En casos más leves, se recomienda a los padres exponer al bebé al sol de manera indirecta.

Aunque puede parecer complicado, es importante distinguir el tipo de ictericia que tiene el bebé. La ictericia fisiológica es la que comúnmente se presenta en infantes sanos, mientras que la ictericia patológica presenta un riesgo para la salud, ya sea debido a su grado o a su causa. Esta última puede deberse a incompatibilidades sanguíneas, enfermedades de la sangre, síndromes genéticos, hepatitis, deshidratación, obstrucciones del conducto biliar, otras enfermedades hepáticas, infecciones o un nacimiento prematuro. Si este es tu caso, es necesario hablarlo con el pediatra.

Los padres primerizos suelen ponerse nerviosos al cargar al recién nacido. La clave está en sostener bien la cabeza y el cuello del bebé.

Por otra parte, también existe una ictericia por lactancia materna que se da en la primera semana de vida en más de uno de cada diez bebés que toman pecho. Se cree que la causa es la ingesta inadecuada de leche, que lleva a la deshidratación del niño, pero se puede solucionar de manera relativamente fácil. A veces es necesario alimentarlo con más frecuencia o darle un biberón complementario con fórmula al bebito, pero eso lo deberá indicar el pediatra. No hay motivo para suspender la lactancia materna, salvo que los médicos recomienden lo contrario.

No te queremos asustar, pero cuando no se trata la ictericia, los niveles tóxicos de bilirrubina se pueden acumular en el cerebro. Si esto sucediera, el tratamiento es más agresivo e incluso puede requerir de una transfusión. Es raro que ocurra, pero para evitarlo, alimenta seguido a tu bebé con leche materna o fórmula y vigila que tu chiquito tenga deposiciones regulares. ¿El motivo? El cuerpo va eliminando la bilirrubina en las heces.

todobebé

En todo caso no te alarmes demasiado. Usualmente la ictericia se resuelve luego de una a dos semanas de nacido.

Cómo Cuidar a Tu Recién Nacido

Cuando llegues a casa, te esperan muchas tareas y responsabilidades que deberás enfrentar con cautela y paciencia. La primera precaución que deberás tomar con tu recién nacido es sujetarle la cabeza y el cuello, ya que no puede hacerlo solito. Con el pasar de los días lo harás de manera automática. Aunque te parezca que es una criatura demasiado frágil, no te asustes, tú puedes cargar a tu bebé sin que se rompa.

Lo ideal es que hayas preparado tu hogar para la llegada de tu bebé antes de su nacimiento. Lo más importante es tener un lugar para que duerma (ya sea una cuna, moisés o corral) y un lugar donde cambiarle su pañal. Algunas personas lo guardan todo en cajones y usan la superficie de una cómoda para cambiar al bebé, mientras que otros padres prefieren tener una mesa especial con canastos para guardar lo que necesitan para cambiar al recién nacido.

Si vas a usar una cómoda, asegúrate de comprar una colchoneta de espuma que tenga algún tipo de resguardo para el bebé; los niños se mueven mucho y si no hay una correa de seguridad o la espuma no protege al pequeñín, tu bebé se puede voltear y caer al suelo.

Qué tener en el cambiador del bebé

- Pañales
- Toallas húmedas desechables (*baby wipes*) o algodón y un recipiente con agua
- Colchoneta forrada para cambiar al bebé (se puede confeccionar una funda cosiendo dos toallas)

- Bastoncitos, "cotonitos" o hisopos de algodón especiales para bebés
- Motas de algodón (indispensables en las primeras semanas de vida)
- Pomada para evitar la irritación del pañal
- Termómetro
- Alcohol
- Aspirador nasal
- Tijeras especiales para cortar las uñas del bebé
- Peine o cepillo
- Recipiente para los pañales sucios
- Juguete para entretener al bebé
- Ropa de algodón para cambiar al bebé

Aunque te parezca raro, no incluimos talco en esta lista. De acuerdo con los pediatras, los bebés podrían inhalarlo y eso sería muy perjudicial.

El ombliguito

Otra cosa que preocupa a los papás es el cuidado del cordón umbilical. Sin embargo, no es algo complicado. Lo importante es limpiarlo con un algodón o pañito con alcohol cuando le cambies el pañal al bebé, hasta que se le caiga y quede formado el ombliguito. Algunos médicos dicen que esta práctica no es necesaria, pero la mayoría coincide en que no hace daño. "Así por lo menos sabes que la zona está limpia," dice el Dr. Marcos Akerman, pediatra del Joe Di Maggio Children's Hospital en Florida. Si ves que la zona del ombligo está excesivamente irritada, caliente o enrojecida, eso puede indicar que se ha infectado y en ese caso debes comunicárselo inmediatamente al pediatra.

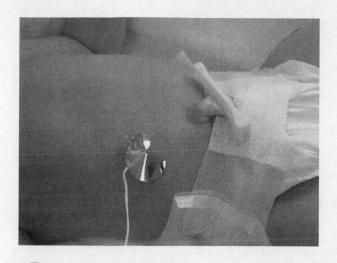

Los primeros días hay que ser cuidadosos con la zona del ombligo y conviene limpiarlo con algodón y alcohol.

Además, te recomendamos doblar hacia abajo la parte superior delantera del pañal para evitar el roce entre el cordón umbilical y el pañal. Esta precaución también evita que la orina moje la zona del ombligo. Finalmente, no sumerjas en agua al bebé hasta que se le caiga el cordón umbilical, lo que suele suceder entre los ocho y los veintiún días después de haber nacido, para evitar infecciones y ayudar a que sane más rápido el área del ombligo. Mientras tanto, baña a tu bebé usando una esponja húmeda o una toalla suave. Si pasa un mes y no se ha desprendido el cordón, probablemente necesitarás que el pediatra lo quite.

Las uñas

Quizás te impresione el largo de las uñas de tu bebito, por más que sus manitos sean pequeñas. Por eso es muy útil llevar al hospital unos guantes o mitones para evitar que se arañe. Otros padres colocan calcetines en las manos con el mismo propósito. También hay pijamas y camisetas que vienen con un doblez para cubrir las manitos del bebé.

Claro que llegará el momento en que decidas cortarle las uñas. No dejes que los nervios se apoderen de ti, porque es más fácil de lo que parece. Obviamente hay que tener ciertos cuidados, pero pronto le harás la *manicure* a tu bebé casi de manera automática en cuanto te sientas más cómodo y menos ansioso.

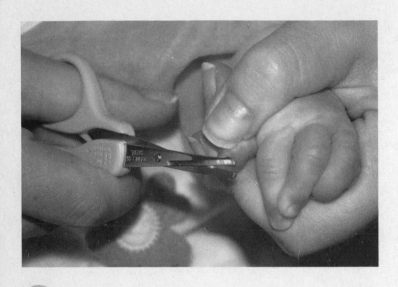

¡Relájate! Cortar las uñas de tu bebé es más fácil de lo que parece. Lo mejor es hacerlo en los momentos de quietud del bebé.

El primer consejo es tener los implementos adecuados, sea una tijera especial con puntas redondeadas, un corta-úñas (incluso venden algunos con lupa) o una lima pequeña. Segundo, ten cuidado de cortar sólo la parte blanca de la uña, dejar las esquinas redondeadas y de no cortar los pellejitos alrededor de los dedos. Otro consejo bueno es separar la yema del dedo de la uña para que puedas cortarla de manera más precisa. "Yo recomiendo usar las tijeras cuando son tan pequeños porque son más fáciles de maniobrar," aconseja el Dr. Akerman. En caso de que se te pase la mano, puedes utilizar una crema que contenga antibióticos para sanar cualquier heridita.

Para hacer más fácil la tarea, la pediatra de Chicago Nava Segall dice que es importante esperar el mejor momento. "Después del baño o bien después de lavarles sus manitas que es cuando las uñas están más suaves… o cuando se están durmiendo porque se mueven menos," recomienda la doctora.

Puede ser que hayas escuchado de padres que muerden las uñas de sus bebés. Como la boca de los adultos suele estar llena de bacterias, no te lo recomiendo. Por más fácil que te parezca, no es muy higiénico.

El pelo: ¿es necesario cortarlo?

Algunos bebés nacen con mucho pelo, mientras que otros son completamente calvos. En general, entre más oscuro el cabello, más abundante suele ser al nacer. En todo caso, ese suave y fino pelo que cubre la cabeza de tu recién nacido se empezará a caer a las pocas semanas de vida, para dar paso a un cabello más fuerte.

En muchos países de descendencia hispana se suele afeitar la cabellera del bebé, incluso a las pocas horas de vida. ¿La razón? Para que crezca más sano y fuerte, se dice. Sin embargo, los pediatras explican que no es necesario. "No hace falta que hagan absolutamente nada, el cabello les va a crecer hermoso si le dan tiempo al tiempo," aclara la pediatra Nava Segall.

Por otra parte, hay veces que los padres prefieren cortar el pelo simplemente por vanidad. "Me encantan los bebes que no tienen pelo, no lo hago por la creencia de que les salga bonito o feo," dice la mamá primeriza Marilin Márquez.

A modo de anécdota les cuento que cuando nací en El Paso, Texas, mis padres quisieron que me raparan ya que tenía mucho pelo que crecía en todas las direcciones. Las enfermeras miraron a mis padres como si fueran extraterrestres y les preguntaron "¿De qué secta son?" Al final, lograron cortarme el pelo una vez fuera del hospital y cuando nació mi hermano, mi papá agarró él mismo las tijeras y se las dio de peluquero con resultados no muy buenos.

Para evitar que te suceda lo mismo que a mi padre, si decides cortarle el pelo a tu bebé cuando está muy chiquito usa los servicios de alguien que normalmente atienda a niños pequeños. Si te animas a realizar el corte en casa, empieza por emparejar los mechones que estén más largos, usualmente los de atrás o el flequillo (también llamado cerquillo o chasquilla). Es mejor hacerlo de manera conservadora, sin jalar el pelo, y cortando muy poquito, máximo un cuarto de pulgada cada vez. Otro *tip* es realizar el corte después del baño, cuando el bebé está más relajado y su cabello húmedo, para que sea más fácil de maniobrar.

La audición de tu bebé

Pocos tienen conciencia de que los problemas auditivos en los bebés son muy comunes y que son fáciles de detectar. Por eso, te aconsejamos que examines lo más pronto posible la audición de tu bebé. Según la fonoaudióloga argentina Carina Spierer, la disminución auditiva o hipoacusia es la enfermedad congénita más frecuente en el recién nacido; de tres a siete de cada mil bebés tienen algún grado de hipoacusia. El 50 por ciento de los bebés que presentan este problema nacen sanos, no tienen antecedentes familiares y no presentan factores de riesgo.

Si no revisan la audición de tu bebé en el hospital donde diste a luz, pregunta dónde puedes realizar el examen. De todas formas es bueno estar atento a las reacciones de tu bebé frente a los sonidos fuertes (por ejemplo, un portazo o un grito). Si tu hijo no muestra signos de sobresaltarse frente a un ruido molesto, coméntaselo al pediatra.

Investigaciones recientes demuestran que los niños con problemas auditivos detectados y tratados antes de los seis meses de vida tienen mejores posibilidades de desarrollar su lenguaje que aquellos que son diagnosticados más tarde.

TODOBEBÉ TIPS: COSAS QUE NO DEBES HACER CON UN RECIÉN NACIDO

- Sacudirlo. Mecer fuertemente al bebé puede provocarle graves daños a su cerebro e incluso dejar secuelas fatales.
- Llevarlo en un automóvil en brazos. No sólo es ilegal en EE.UU. sino muy peligroso. Siempre debes llevar a tu bebé en una silla especial de seguridad para infantes.
- Desatenderlo mientras le cambias el pañal. Los bebés se mueven mucho y se puede caer en cuestión de segundos desde el cambiador o la cama.
- Bañarlo en agua muy caliente. La manera de probar la temperatura del agua de la bañera es usando el codo y no la mano.

- Dormirlo boca abajo. Los pediatras recomiendan que los bebitos duerman boca arriba para minimizar el riesgo del síndrome de muerte súbita o de cuna.

- No amarrarlo mientras está en el coche o carriola.

- Cargarlo en brazos sin haberte lavado las manos. El lavado de manos es la manera más segura de prevenir enfermedades.

La Circuncisión

Muchos padres optan por realizarle la circuncisión a sus hijos. A veces por motivos religiosos, otras, por recomendación médica. Es un procedimiento quirúrgico mediante el cual se corta la piel que cubre la punta del pene y suele hacerse en los primeros días de vida del bebé (si está sano).

Las posturas frente al tema son variadas. Quienes están a favor, dicen que los hombres circuncidados sufren de menos infecciones urinarias y de transmisión sexual, además de tener un menor riesgo de sufrir de cáncer en el pene (que es una enfermedad poco común). En todo caso, en 1999 la Academia Estadounidense de Pediatría (AAP), reiteró que a pesar de que existen muchos beneficios potenciales para la salud de los varones luego de realizarse la circuncisión, estos no son suficientes como para recomendar que sea un procedimiento de rutina.

Sea por la razón que sea, si decidiste circuncidar a tu niño, te recomendamos lo siguiente:

- Evalúa las credenciales de quien realizará el procedimiento; mientras más experiencia tenga el doctor, mejor.

- Pregunta qué puedes darle al bebé para que sienta menos dolor. Algunos médicos recomiendan cremas que adormecen la zona que se cortará, mientras que otros aconsejan darle un analgésico en gotas. También se puede aplicar anestesia local.

- Después de la circuncisión, ten mucho cuidado al cambiar el pañal de tu bebé. Si hay vendajes, cámbialos cada vez que le pongas un pañal limpio y usa vaselina para evitar que la gasa se pegue al pene.
- No te asustes si notas un líquido amarillento o una especie de costra alrededor de la cabeza del pene. Pero si notas que huele mal, debes alertar al pediatra inmediatamente.
- Prepárate para que el bebé se sienta molesto por unos días. Lo normal es que su pene tarde entre siete y diez días en sanar.

Aunque es raro que suceda, tienes que estar alerta ante una posible complicación. Si tu bebé no está orinando de manera normal luego de que han pasado ocho horas del procedimiento, tiene sangramiento constante o la punta del pene está enrojecida y se ve peor luego de tres días, debes llamar al pediatra de inmediato.

Si decidiste no circuncidar a tu bebé, asegúrate que el pediatra te enseñe cómo mantener limpio el pene de tu hijo, para minimizar el riesgo de infecciones en el futuro. Es bastante sencillo y cuando tu niño crezca, deberá aprender a limpiarse solito.

Cuándo Colocarle Aretes a Tu Bebita

En nuestra cultura latina, apenas nace una niña, estamos acostumbrados a verla estrenando sus aretes. Perforarle los lóbulos de sus orejas en el hospital es algo hasta habitual en la mayoría de los países de América del Sur. Pero en los Estados Unidos, es diferente.

Si quieres saber cuándo puedes colocarle aretes a tu bebita en este país, para muchos pediatras la respuesta es bastante sencilla: apenas reciba sus primeras vacunas. Según explica el Dr. Akerman, de esa manera se disminuye el riesgo de una fiebre a causa de una infección. Por lo tanto, ¡paciencia! Antes de que te des cuenta, tu bebita ya tendrá sus vacunas al día, estará más grande y podrás embellecer sus orejitas con mayor tranquilidad.

todobebé

¿Dónde realizar el procedimiento? Aunque no es necesario que un médico lo haga, sí es recomendable solicitarle al pediatra de tu bebé que la perforación se realice en su propio consultorio. Así puedes evitar aún más el riesgo de infección. También puedes solicitarle que le aplique una crema anestésica minutos antes del procedimiento, para que no le duela tanto.

Una vez que tu bebé tenga sus aretes, debes limpiarle la zona con alcohol todos los días para que no se le infecte el lóbulo de la oreja. Llama al pediatra de inmediato si notas que la zona está muy inflamada, roja, caliente o con pus (líquido amarillento).

Respuestas a Dudas Comunes de las Primeras Semanas de Tu Recién Nacido

Para todos los padres primerizos, aquí les damos algunas respuestas a las dudas típicas que pueden surgir en las primeras semanas de vida del bebé. Es verdad que no te dejará dormir mucho, pero la felicidad de ser padre o madre es superior a cualquier cansancio.

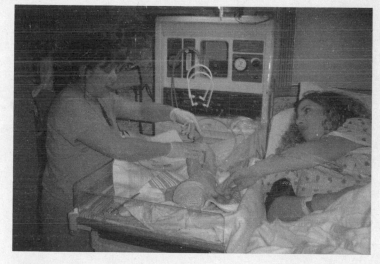

Luego del alumbramiento, los padres están llenos de preguntas: desde si tiene hambre hasta cuál será su primera vacuna.

¿Cuáles son las primeras vacunas?

Normalmente, la primera vacuna que recibe tu bebé es contra la hepatitis B y se puede suministrar después de horas de nacido. Eso sí, las recomendaciones sobre las inmunizaciones varían según el país donde vives, así que no olvides preguntarle al pediatra o a la enfermera.

¿Es normal que se despierte cada hora y media?

Ayuda a tu bebé a establecer un patrón saludable de alimentación y sueño. Como regla general, el recién nacido debe ser alimentado entre cada hora y media a cada tres horas. Los recién nacidos a veces comen con más frecuencia, en vez de cada hora y media. Incluso, pueden pedir una toma extra por la noche preparándose para cuatro a cinco horas de sueño (es raro que ocurra, pero sucede). En un periodo de veinticuatro horas, que pase cuatro a cinco horas durmiendo sin alimentarse está bien, salvo que tu pediatra haya expresado preocupación por el bajo peso del niño.

¿Cómo saber si mi bebé tiene hambre?

Un bebé que llora desconsoladamente está demostrando que hace rato tiene ganas de comer. Por eso lo mejor es estar atento a los signos que preceden al llanto. Si ves que tu bebé chupa sus puños, su ropita o saca la lengua como saboreándose, es hora de darle de comer. Si aprendes a reconocer estos signos antes de que llore, verás que come mejor y traga menos aire, lo que al final de cuentas hace que no tenga tantos gases y que regurgite menos leche.

¿Qué ve mi recién nacido?

Al principio, no mucho. Los expertos dicen que al principio el bebé sólo puede ver de cerca, no más allá de la distancia que hay entre el rostro de quien lo alimenta y los brazos donde está recostado. En general, se ha descubierto que los recién naci-

todobebé

dos se fijan más en los contrastes. Por ello son muy buenos los juguetes rojos, blancos y negros que hay en el mercado. Hay móviles en esos colores, al igual que cascabeles y juguetes para realizar actividade.

Durante el primer mes, su visión es monocular (enfoca separadamente por los dos ojos) mientras que ya al tercer mes es capaz de enfocar utilizando un patrón binocular.

Mi bebé no para de llorar, ¿qué hago?

Una de las cosas más angustiantes para los padres primerizos es escuchar llorar a su bebé. Primero que nada, es difícil saber al principio por qué el niño llora. Sin embargo, puedes consultar el Capítulo 2, "Bebito, ¿Por Qué Lloras?," que hemos dedicado al tema para ayudar a entender qué te está tratando de decir tu bebé. Lo que sí debes de tener muy claro es que jamás debes sacudir a un recién nacido; podrías provocarle graves daños cerebrales e incluso, la muerte.

¿El pañal de mi bebé es normal?

Una de las preguntas más comunes de los padres se refiere a las deposiciones del bebé. Si quieres saber si todo anda bien, te sugerimos analizar el pañal del recién nacido. Dependiendo de la alimentación de tu bebé, variará el color y la apariencia de lo que ves en su pañal.

En el caso de los recién nacidos hasta que empiezan a comer sólidos, sus heces suelen ser bastante líquidas. Eso es normal y no debe preocuparte. Sin embargo, si sus desechos son muy aguados, puede tratarse de diarrea, lo que amerita una llamada urgente al pediatra para evitar que el bebé se deshidrate. También es importante llamar al médico si llegas a ver sangre en el pañal del infante.

Los colores de la "popó" del bebé variarán según lo alimentes con leche materna o fórmula láctea. Cuando amamantas al recién nacido, su "caquita" o "popó" será amarillenta, como de color mostaza y tendrá una apariencia cremosa. Una de las grandes ventajas de la lactancia materna justamente es que los bebés suelen no presentar estreñimiento (dificultad para evacuar). Lo normal es que mojen el pañal después de cada mamada durante el primer mes; conforme va creciendo, disminuirá la frecuencia de sus deposiciones (incluso hay bebés que pasan hasta una semana sin hacer "popó").

Los bebés alimentados con biberón y fórmula láctea, tienden a tener deposiciones de color café claro, son más formadas y despiden un olor bastante fuerte. Dependiendo de la composición del suplemento lácteo, hay veces en que el infante puede presentar estreñimiento leve (es decir, sus desechos son muy duros y le cuesta pujar al bebé). No te preocupes demasiado si pasa un par de días sin que tu bebé puje, pero sí menciónacelo al pediatra en la próxima visita médica para ver si conviene cambiar de fórmula.

¿Conviene usar un chupete para calmar al bebé?

Aunque no existe un consenso en cuanto a hasta qué edad se debe usar el chupete (o chupón, chupo, tete o pepe), los expertos consultados por Todobebé concuerdan en que los bebés tienen una necesidad innata de chupar. En ese sentido, el chupete puede ser un gran aliado para ayudar a que el bebé se calme. Sí debes tener en cuenta que no debe reemplazar la alimentación del bebé; si ves a tu hijo con signos de hambre, es mejor darle de comer a darle un chupo con el afán de espaciar las tomas. Y ten en cuenta que hay ciertas desventajas de usar el chupete. En las primeras semanas, puede interferir con la lactancia materna y puede haber mayor incidencia de infecciones de oído en tu bebé.

Por otra parte, existen estudios recientes que indican que el uso del chupón puede disminuir el riesgo de que el bebé sufra de muerte súbita, lo que ha llevado a la Academia Estadounidense de Pediatría a recomendar su uso. Eso sí, idealmente deberías quitárselo al bebé al año, aunque algunos médicos dicen que no hay problema alguno en prolongar su uso hasta su segundo año de vida.

¿Cómo Evitar la Muerte Súbita o de Cuna?

El síndrome de muerte súbita (SIDS por sus siglas en inglés) o de cuna es un misterio que cada año deja a miles de padres con los brazos vacíos luego de que sus bebés fallecen sin explicación aparente.

Aunque en muchos países de Latinoamérica los padres siguen colocando a sus bebés boca abajo, la Academia Estadounidense de Pediatría dice que para evitar la muerte súbita (SIDS), los infantes sanos deben dormir boca arriba. Contrario a lo que se piensa, los lactantes no se ahogan si botan o devuelven un poco de leche. Sin embargo, si al bebé se le ha diagnosticado reflujo, el pediatra puede aconsejar otra posición.

La buena noticia es que puedes disminuir el riesgo de que tu bebé sufra del síndrome de muerte súbita. Puedes evitarlo siguiendo algunas sencillas recomendaciones: no arropes demasiado al bebé, procura que duerma de espaldas y no boca abajo y no pongas almohadas en la cuna. Además, no dejes que nadie fume cerca del bebé, dale leche materna y si tu bebé lo acepta, dale un chupete (chupo, chupón, tete o pepe).

Todobebé Resumen:
Cómo Conocer y Cuidar a Tu Recién Nacido

Más allá de la felicidad de haber dado a luz y de tener a tu bebé, en las primeras semanas vivirás un proceso de adaptación que no es nada fácil. Lo que sí es cierto, es que cada día que pasa los lazos se hacen más fuertes entre tu recién nacido y tú a medida que aprendes a conocer a tu bebé.

La ictericia

Hay cosas a las que debes estar alerta. Si tu bebé se pone amarillo, es a causa de niveles elevados de bilirrubina en la sangre, algo muy común entre los recién nacidos, pero detectado y tratado a tiempo, no deja secuelas. Cuando la bilirrubina llega a niveles muy altos, suele tratarse con una luz artificial especial. En casos más leves, se recomienda a los padres exponer al bebé al sol de manera indirecta.

El ombliguito

También es necesario que cuides el cordón umbilical. Lo importante es limpiarlo con un algodón o pañito con alcohol cuando le cambies el pañal al bebé, hasta que se le caiga y quede formado el ombliguito. Además, te recomendamos

posición distinta. Al principio puede ser que el bebé se enoje, pero de a poco se irá acostumbrando. Incluso se puede colocar juguetes a su alcance o una almohada o cojín de lactancia que lo apoye en la zona del estómago (si se usa algún soporte, nunca dejar al niño sin supervisión adulta). También dijeron que es recomendable cambiar la orientación de la cuna de vez en cuando, para así estimular al niño a que mire otros puntos de referencia.

Si tu bebé ha desarrollado plagiocefalia, el pediatra puede recomendarte ciertos cambios en la posición del bebé a la hora de dormir o durante el día. Otra opción es buscar la ayuda de un terapeuta ocupacional o kinesiólogo para que muestre qué ejercicios hacer con el niño para fortalecer otras áreas del cuerpo y ayudar a que la cabeza recupere su forma inicial. Por ejemplo, hay ciertos ejercicios para el cuello que se pueden hacer cada vez que se le cambia el pañal al bebé. Se calcula que en dos a tres meses ya se ven resultados. Tu pediatra te puede recomendar un especialista que pueda ayudar a tu bebé.

Sólo cuando hay una deformidad severa se recurre a una especie de casco que moldea el cráneo y cuando eso falla, el último recurso es la cirugía, que sólo se practica en casos extremos.

doblar hacia abajo la parte superior del pañal para evitar el roce entre el cordón umbilical y el pañal.

Las uñas

Otros cuidados se refieren a las manos y los pies de tu bebé. A la hora de cortar las uñas de tu chiquilín:

- Ten implementos adecuados, ya sea una tijera especial, un cortaúñas (incluso venden algunos con lupa) o una lima pequeña.

- Aprovecha de hacer la *manicure* después del baño, cuando las uñas están más blandas.
- Corta sólo la parte blanca de la uña, deja las esquinas redondeadas y no cortes los pellejitos alrededor de los dedos.
- Separa la yema del dedo de la uña para que puedas cortarla de manera más precisa.
- En caso de que se te pase la mano, puedes utilizar una crema que contenga antibióticos para sanar cualquier heridita.

Seguridad

Otras precauciones se refieren al bienestar en general. Por eso, hay cosas que nunca debes hacer con un recién nacido como:

- Sacudirlo.
- Llevarlo en un automóvil en brazos. Siempre debes llevar a tu bebé en una silla especial de seguridad para infantes.
- Desatenderlo mientras le cambias el pañal.
- Bañarlo con agua muy caliente.
- Dormirlo boca abajo.
- No amarrarlo mientras está en el coche o carriola.
- Cargarlo en brazos sin haberte lavado las manos.

Síndrome de muerte súbita

Hablando de la muerte súbita, puedes ayudar a prevenirla con estas recomendaciones:

- No arropes demasiado al bebé.
- Procura que duerma de espaldas y no boca abajo.

todobebé

- No pongas almohadas ni edredones en la cuna.
- No dejes que fumen cerca del bebé.
- Amamanta a tu hijo.
- Si tu bebé lo acepta, dale un chupete (chupo, chupón, tete o pepe).

La plagiocefalia (síndrome de cabeza plana)

Para evitar que a tu hijo se le ponga la cabeza plana, los pediatras aconsejan a los padres que:

- Cada noche coloquen la cabeza del niño mirando a un lado distinto (por ejemplo, alternar el lado izquierdo con el derecho).
- No abusen de las sillas para el automóvil (que muchos padres usan para que el infante se duerma).
- Coloquen al niño boca abajo cuando esté despierto y con supervisión de un adulto.

Conforme vayan pasando los días y las semanas, verás que te convertirás en todo un experto en cuidar a tu bebé. ¡Verás que es una aventura que vale la pena vivir!

dos

Bebito, ¿Por Qué Lloras?

En este capítulo: Posibles Causas del Llanto—Cuando el Llanto Indica Algún Problema—Los Cólicos: ¡Mi Bebé No Para de Llorar y No Sé Por Qué!—Mito o realidad: ¿Sirven los Remedios Naturales Contra los Cólicos?—El Mito de Malcriar al Bebé— ¿Y Qué Pasa con el Llanto Después de los Tres Meses?

Es un hecho que tu bebé llorará. Mucho. Y que a veces te desesperarás. Si eres como la mayoría de los seres humanos, te costará al principio descifrar por qué tu tesoro está probando la capacidad de sus pulmones... y tu paciencia.

No te desesperes. Tenemos algunas claves para empezar a entender a tu bebito. Lo más importante—y de esto te darás cuenta con el paso de los días, meses y semanas—es que aprendas a diferenciar no sólo las posibles causas del llanto, sino a diferenciar las diversas maneras en que llora tu chiquito. Recuerda: tu bebé no conoce otra manera de comunicarse en sus primeras semanas de vida, así que en vez de tomar el llanto como un capricho, acepta que por ahora es su manera de decirte si le molesta algo, si tiene frío o si tiene hambre.

Así que por ahora, respira hondo y evalúa qué puede estarle sucediendo a tu hijo. Pero antes que nada, hay algo muy importante: si tu bebé llora, no significa que eres mala madre o mal padre. No dejes que te afecten las miradas de otras personas en un lugar público, aunque es comprensible que te puedan incomodar. El lloriqueo sólo significa que algo le sucede a tu pequeñín. ¿Cómo descubrir qué será?

Posibles Causas del Llanto

- Incomodidad: ya sea por hambre, frío, calor, ropa muy ajustada o un pañal sucio.
- Dolor.
- Exceso de estímulos externos como sonidos, luces o texturas que molestan al bebé.
- Necesidad afectiva, es decir, quiere que lo carguen y arrullen.

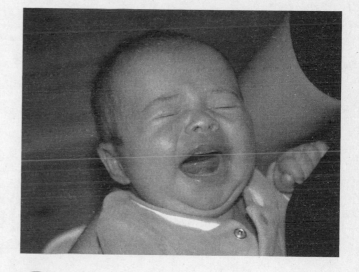

Si esta es la primera vez que tienes un bebé, ya me puedo imaginar lo que estás pensando. De seguro te preguntas "¿Y cómo puedo saber cuál de todas estas causas es la que está provocando el llanto de mi hijo?" La respuesta no es fácil.

Puede ser que hayas nacido con un don de percepción extrasensorial

Entender por qué llora tu bebé toma su tiempo. Revisa primero sus necesidades básicas.

que te permite adivinar qué le pasa, pero si eres como la mayoría de las personas, te darás cuenta que sólo con el tiempo irás reconociendo los diferentes tipos de llanto. Además, necesitas encontrar fuerzas para dar un paso atrás y mirar la situación como un observador externo, para así ir descartando las posibles causas del llanto.

La buena noticia es que te podemos describir ciertas características que te ayudarán a "traducir" lo que tu chiquitín te está tratando de decir.

¿QUÉ TE ESTÁ TRATANDO DE DECIR TU BEBÉ?

Tipo de llanto	Causa más probable
Comienza poco a poco, similar al sonido de una sirena de ambulancia, cada vez más fuerte, no se detiene cuando lo cargas	Hambre
Intermitente como el maullido de un gatito, se detiene cuando lo cargas en brazos	Necesidad de afecto o atención; a veces, ganas de dormirse
Repentino, fuerte, como que se queda sin respiración entre llanto y llanto	Dolor o gases en la barriga
Irregular, pero aumentando en intensidad, cada lloriqueo es corto y hasta puede conducir al sueño	Cansancio
Fuerte, cada llanto es largo, y el bebé voltea la cabeza	Exceso de estimulación

Una vez que hayas respirado hondo y hayas descubierto qué le pasa a tu chiquilín (¡aún cuando lo descubras después de haberlo tratado todo!), puedes tratar de calmarlo.

El llanto que no logramos apaciguar hace que nos frustremos y nos cansemos muchísimo. Es normal. Sobre todo si llevas demasiadas noches sin dormir más

QUÉ HACER CUANDO LLORA TU BEBÉ

- Dale de comer (¡sí, puede ser que un recién nacido tenga hambre después de una hora y media de haber sido amamantado!). Si el bebé devuelve mucha leche, es el problema inverso: exceso de comida.
- Trata de ayudarlo a eructar (botar gases, "sacarle el chancho," "hacerle provecho").
- Cámbiale el pañal.
- Cárgalo en brazos con cariño.
- Mécelo, camina con el bebé en brazos o cámbialo de posición.
- Llévalo a pasear en su cochecito o en el automóvil.
- Coloca al bebé en el portabebé o la silla para el automóvil y coloca la silla sobre una lavadora de ropa que esté funcionando. Eso sí, debes sujetar la sillita para que no se caiga con el movimiento.
- Dale un chupete (chupón, tete, pepe).
- Distráelo con un juguete.
- Pon música.
- Báñalo.
- Deja que el bebé descanse y se relaje en un cuarto sin ruidos.
- Coloca al bebé en su cuna.
- Mece al bebé en un columpio.

Qué no hacer

Sin embargo, hay veces que nada funciona. Lo que es peor, los expertos dicen que los niños son como espejos: reflejan lo que perciben. Por lo tanto, si quieres que tu bebé se calme, debes tratar de no desesperarte. Si no, sólo terminarán por llorar ambos: el bebé y tú. Creeme que hay veces que no te queda otra que soltar algunos lagrimones para que no se apodere de ti la locura.

de una hora y media seguida. Por eso que es muy importante saber qué no hacer en caso de que tu bebé no pare de llorar:

- Nunca sacudas a un bebé. Podrías causarle graves lesiones internas, sobretodo en el cerebro y la vista.
- No golpees al bebé ni intentes disciplinarlo. Tu hijo está tratando de decirte algo, no se está rebelando contra ti. La violencia física no es justificable y menos con un bebé indefenso.
- No tomes el llanto como un rechazo hacia ti. Es muy importante darse cuenta de que el lloriqueo de un bebé no significa cuán buenos o malos somos como padres. Sólo nos alerta que el bebé no está feliz.

Si sientes que la paciencia se te agota, por favor deja al bebé en un lugar seguro como su cuna, sal de la habitación y date un tiempo para recuperar fuerzas. Por lo menos así tu hijo no sentirá tu ansiedad y no perderás los estribos.

Nunca hay que olvidar que el cansancio extremo que experimentan los padres en las primeras semanas luego del nacimiento puede jugarles una mala pasada. Si hay otra persona en casa o un vecino que te pueda echar una mano, pídele ayuda y que se encargue del bebé por unos minutos. ¡No temas pedir ayuda!

Cuando el Llanto Indica Algún Problema

Quizás tu bebé está tratando de decirte algo más serio. Por eso es importante tener en mente que debes llamar al pediatra si tu bebé tiene menos de tres meses y:

- Se le ve enfermo
- Tiene fiebre de más de 100.4° F (o 38°C), medida con un termómetro rectal
- Se le siente muy frío y su temperatura rectal es menor a 96.8°F (36°C)
- La fontanela (la parte suave de la cabeza) está hinchada o sobresale
- Está vomitando

- Crees que puedes haber sacudido a tu bebé o haberlo lastimado
- Han pasado dos horas y no logras calmarlo ni por un instante

Los Cólicos: ¡Mi Bebé No Para de Llorar y No Sé Por Qué!

Quizás este escenario te parece conocido: tu bebé tiene tres semanas, está inquieto, comienza a llorar, sucede casi todos los días a la misma hora… y todo está fuera de control. La mamá colombiana Uchi Botero lo conoce bien. "Desde que era bebé, cuando cumplió tres meses mi hija lloraba todos los días, a partir de las 11:00 pm, sin parar. Era mi primera bebé y tenía mucho miedo," cuenta.

Yo también sentí ese miedo con mi primer hijo. Había tardes en que ya no sabía qué hacer para calmar sus llantos y me turnaba con mi esposo para mecerlo hasta que se durmiera.

La causa exacta de los cólicos es desconocida y se calcula que hasta un 20 por ciento de los recién nacidos sufre de esta molestia que provoca llantos constantes, pero no necesaria-

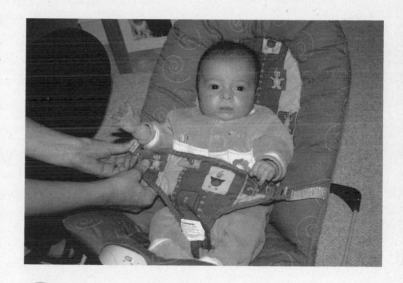

Cuando un bebé sufre de cólicos, ponerlo en la mecedora puede ayudarlo a relajarse.

mente por gases como se tiende a creer. Se desarrollan entre el primer y tercer mes de vida. Todavía no se ha podido descubrir qué provoca los cólicos, pero ahora hay teorías que atribuyen la irritabilidad del bebé a causas que varían desde una inca-pacidad del recién nacido para manejar estímulos hasta una cierta inmadurez del sistema digestivo para tolerar bien la leche. Incluso hay médicos que sospechan que la causa puede ser un caso de reflujo no diagnosticado.

Eso sí, es importante notar que el cambio de la leche no necesariamente soluciona el problema. Los padres asumen incorrectamente que un bebé con cólicos tiene alergia a la proteína de la leche y suelen darle leche de soya al pequeñín. En ciertos casos, esto puede ayudar, pero no está comprobado y hay que tener en cuenta que hasta un 40 por ciento de los bebés con alergia a la proteína de la leche también tiene alergia a la soya.

Otra cosa que puede ayudar es un cambio en el tipo de biberón, ya que los diseños de algunas marcas disminuyen la cantidad de aire que tragan los bebés, lo que por lo tanto reduciría la cantidad de gases en su vientre. Hay pediatras que también recomiendan darle gotas con un ingrediente llamado *simeticona* para facilitar la eliminación de gases.

Si das pecho, antes de definir que tu hijo sufre de cólicos, prueba eliminando ciertos alimentos de tu dieta para ver si algo de lo que comes le cae mal a tu bebé. Hay veces en que dejar de tomar leche de vaca produce un cambio notorio en el comportamiento del lactante. Esto es válido sobre todo si hay antecedentes de alergias en tu familia. En mi caso en particular, en los tres primeros meses de vida de mi hijo mayor, cambié la leche de vaca por la de soya y noté que lloraba mucho menos.

Otra cosa importante a tener en cuenta: el Dr. José Rosa Olivares, pediatra del Miami Children's Hospital, explica que el simple llanto del bebé no define que el niño esté sufriendo de cólicos. "Lo que diferencia a los cólicos de otros problemas donde los bebitos están irritados, es que los cólicos suelen ocurrir a la misma hora todos los días."

todobebé

SÍNTOMAS DE QUE TU BEBÉ SUFRE DE CÓLICOS

- Llanto prolongado
- Al bebé se le pone el rostro rojo de tanto llorar
- Ocurre generalmente a la misma hora *por lo menos* tres veces por semana
- Suele ocurrir al atardecer o en la noche y puede durar horas
- Empieza después de la segunda semana de vida
- Desaparece a las dieciséis semanas de nacido.

Si éste es definitivamente el caso de tu bebé, hay ciertas cosas que puedes hacer para calmarlo. Según el Dr. Rosa Olivares, los sonidos constantes (que producen lo que se conoce como ruido neutro o *white noise*) pueden ser tu mejor aliado si tu hijito los escucha cuando está irritado. ¿Algunos ejemplos?

- secadora de pelo
- lavadora de platos
- lavadora y secadora de ropa
- un canal de televisión mal sintonizado
- la aspiradora
- sonido de agua que cae, como una ducha o catarata

Según los expertos, estos sonidos hacen que muchas veces el niño se tranquilice. No saben exactamente por qué, pero no pierdes nada con intentarlo.

Otras cosas que puedes hacer:

- Mecerlo.
- Poner al bebé en un canguro y pasearte por la casa o salir a caminar con él.
- Comprar un portabebés que vibre; eso sí, hay bebés que se irritan más.
- Envolverlo como un tamal o paquete como te enseñamos en el Capítulo 16.
- Pasear al bebé en un automóvil sentado en su sillita especial de seguridad.
- Ponerlo con la barriga hacia abajo sobre tu regazo mientras frotas su espalda o le das golpecitos muy suaves.
- Ofrecerle un chupete (chupón, tete, pepe).

La buena noticia es que los cólicos desaparecen del todo a más tardar a las dieciséis semanas de vida. No dejan secuelas en los niños y luego se desarrollan con completa normalidad. Así que, ¡a tener paciencia!

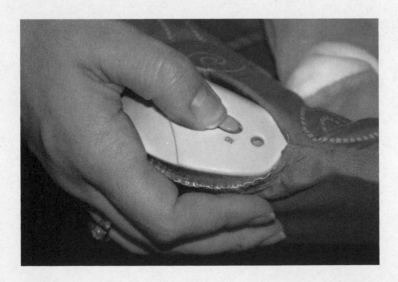

En estas sillas para bebés, puedes activar música suave y/o vibraciones que ayudan a calmar a un bebé irritable.

Mito o realidad: ¿Sirven los Remedios Naturales Contra los Cólicos?

Como es una creencia generalizada que los cólicos se producen por gases que incomodan al bebé, muchos padres reciben consejos de familiares para aliviar esta "indigestión." Sin embargo, ¡ten mucho cuidado! Los bebés son muy delicados y propensos a las alergias. Nunca le des nada, por más "natural" que sea, sin consultarlo con un pediatra.

Es muy común que me pregunten si es conveniente darle té o infusión de manzanilla o camomila a un recién nacido. A pesar de que esta hierba es muy conocida por sus propiedades digestivas en los adultos, no existen estudios confiables sobre la dosis adecuada y sus efectos en los bebés, por lo que no me atrevo a recomendarla. Sí hay un estudio israelí que indicó que la infusión de manzanilla aliviaba los cólicos de los bebés, pero hay muchos padres que la han probado y no ha ocurrido ninguna

Los paseos en el canguro son una buena idea para relajar al bebé.

mejoría. Como no hay evidencias comprobadas de sus beneficios, te aconsejo evaluar qué hacer con el pediatra, especialmente si en tu familia hay antecedentes de alergias.

Además, las hierbas presentan otro problema: es común que desconozcamos cuán puras son y sin querer podemos estar dándole a nuestro mayor tesoro una infusión contaminada con elementos como insecticidas o plomo.

Un remedio "natural" que puedes intentar es darle un masaje a tu bebito. Cada vez hay más centros que ofrecen cursos para aprender a calmar a los infantes usando movimientos suaves. Un masaje bien dado puede relajar a tu bebé y ayudarlo a dormir mejor, así que vale la pena intentarlo. Primero dile al bebé que le vas a dar un masaje y luego unta tus manos con crema o aceite para bebés, frótalas para entibiar y luego recorre con suavidad el cuerpecito de tu bebé, evitando hacerle cosquillas. Para que no se enfríe, cubre con una manta o toalla las partes del cuerpo que no estés masajeando.

¡OJO CON EL ANÍS ESTRELLADO!

Entre los remedios naturales que muchos suelen usar cuando hay cólicos, hay uno que puede ser muy peligroso para tu bebé. Hablamos del anís estrellado o anís chino. Hace unos años la Administración de Drogas y Alimentos de EE.UU. (FDA como se le conoce en inglés) incluso emitió una alerta frente a denuncias de enfermedades que se produjeron en bebés a causa de la infusión de esta hierba.

Las enfermedades reportadas durante los dos últimos años variaron desde daños neurológicos serios hasta ataques epilépticos, vómito, nerviosismo y movimiento rápido de los ojos. A la FDA le preocupa que el té de anís chino *(illicium verum)* disponible en muchos sitios y un producto considerado por la FDA como seguro (GRAS), puede contener el anís estrellado japonés *(illicium anisatum)*, que ha sido por mucho tiempo reconocido como tóxico en muchos países y que debería ser usado sólo para propósitos decorativos. En este momento, la FDA no puede determinar si el anís estrellado asociado con las enfermedades estuvo en contacto con el anís estrellado japonés o si se trata de una mezcla de anís estrellado japonés y chino.

Por tal motivo, la FDA ha pedido que los consumidores no les den a infantes y niños infusiones hechas de anís. ¿Para qué arriesgarte? Mejor aguantar el llanto de tu bebé a dejarle secuelas neurológicas de por vida, ¿no crees?

El Mito de Malcriar al Bebé

Recuerdo las primeras semanas en casa con mi hijito, mirándolo maravillada mientras él dormía. Y cuando se despertaba o lloraba, lo único que quería era cargarlo en mis brazos. Tontamente, muchas veces no lo alcé porque creía que lo iba a mal acostumbrar.

Poco a poco me di cuenta que tanto mi hijo como yo éramos más felices cuando "sucumbía" a la tentación de cargarlo. Incluso lloraba menos. Pero mi abuelita no dejaba de recordarme que sólo lograría tener un niño que sería incapaz de estar calmado fuera de mis brazos.

Ahora sé que los expertos en desarrollo infantil dicen que es imposible malcriar a un bebé recién nacido. Al contrario: el contacto físico hace que los infantes se desarrollen mejor, ganen más peso y a la larga sean más tranquilos. Esto es aún más importante con los prematuros, ya que se ha comprobado que el calor de la piel de la madre beneficia tremendamente a los bebitos nacidos antes de las treinta y siete semanas de gestación.

Los arrullos y amorosos cantos de mamá ayudan a tranquilizar al bebé.

Así que sigue tus instintos. Si crees que tu hijo necesita sentirte cerca, ya sea porque quiere protección, calor o cariño, no tengas miedo de cargarlo en tus brazos. Según los expertos, ayudarás a que se sienta seguro y a que llore mucho menos en la segunda mitad de su primer año de vida.

Por supuesto que conforme vaya creciendo, tu bebé aprenderá a manipularte. Pero eso realmente empieza a ocurrir después de los seis meses de edad y es ahí cuando puedes empezar a ponerle límites. Si es que lo deseas, claro está. La buena noticia es que para ese entonces, ya es más fácil diferenciar las causas del llanto y por lo tanto, saber si tu chiquilín realmente necesita algo o si se está portando caprichosamente.

¿Y Qué Pasa con el Llanto Después de los Tres Meses?

Una vez que tu bebé ha cumplido tres meses, entra en otra etapa del desarrollo. Sin embargo, sigue siendo demasiado chiquito como para decirte lo que le sucede. Es importante tener en mente que la mayoría de las veces cuando llora un pequeñín mayor de tres meses, es porque no se siente bien. Puede ser que se esté enfermando o que sienta algún dolor. También puede estar muy cansado y eso lo pone irritable. En ese caso, hay veces que los niños necesitan llorar para calmarse y conciliar el sueño. Si eso le sucede a tu hijo, puedes colocarlo en la cuna y dejar que llore un par de minutos; si el exceso de cansancio era la causa de su desazón, se quedará dormido al poco rato.

Otras veces, un cambio en la rutina puede alterar al bebé y hacer que llore más de lo habitual. Por ejemplo, si la madre ha regresado a trabajar y comenzó a dejar a su hijo en la guardería, es posible que el llanto se haga más frecuente. En todo caso, las cosas debieran volver a la normalidad como máximo en una semana. Si al cabo de ese plazo el niño sigue llorando mucho, hay que investigar con más detenimiento.

Una mención aparte merece el llanto que se produce después de los siete meses cuando el bebé se da cuenta de que su madre o padre lo dejan al cuidado de otra persona. Ello se conoce como ansiedad por la separación (*separation anxiety* en inglés) y es algo muy normal en el desarrollo de los niños. Claro que eso no es consuelo cuando tienes que dejar llorando a tu hijo. Ya hablaremos de esto con mayor profundidad en el Capítulo 15.

Lo que sí debes tener en cuenta es que a medida que los niños crecen, cada vez son más hábiles en detectar las consecuencias de sus acciones. Por lo tanto, ten cuidado de no recompensar comportamientos indeseados. Por ejemplo, si ves que tu bebé conforme se acerca al año de vida empieza a llorar para llamar la atención, explícale que el llanto no es necesario. Creeme que aunque no sea capaz de hablar, te irá entendiendo. Dale un tiempo para que se calme solo (con un par de minutos basta y sobra), pero que siempre sienta que respondes a su llamado. Lo importante es la manera en que lo haces.

Todobebé Resumen:
Lo que Necesitas Saber del Llanto de Tu Bebé

Cuando un bebé llora nos está tratando de decir algo. Lo más probable es que esté:

- Incómodo
- Sienta dolor
- Se sienta sobreestimulado
- Necesita afecto y seguridad

Por eso, prueba:

- Darle de comer
- Ayudarle a eructar (botar gases, "sacarle el chancho," "hacerle provecho")
- Cambiarle el pañal
- Cargarlo en brazos con cariño
- Mecerlo en brazos
- Cambiarlo de posición
- Pasearlo en su cochecito (carriola) o en el automóvil
- Colocarlo en el portabebé o la silla para el automóvil y poner la silla sobre una lavadora de ropa que esté funcionando. Eso sí, debes sujetar la sillita para que no se caiga con el movimiento.

- Darle un chupete (chupón, tete, pepe)
- Distraerlo con un juguete
- Ponerle música
- Bañarlo
- Dejarlo que descanse y se relaje en un cuarto sin ruidos
- Colocarlo en su cuna
- Mecerlo en un columpio

Los cólicos

Claro que hay veces que los bebitos no se calman con nada. Puede que tu chiquitín sufra de cólicos si tiene llanto prolongado que:

- Ocurre generalmente a la misma hora *por lo menos* tres veces por semana
- Suele ocurrir al atardecer o en la noche y puede durar horas
- Empieza después de la segunda semana de vida
- Desaparece a las dieciséis semanas de nacido
- El rostro se le pone rojo de tanto llorar

En caso de cólicos, luego de calmarte para que el bebé no perciba tu ansiedad, puedes intentar:

- Mecerlo
- Poner al bebé en un canguro y pasearte por la casa o salir a caminar con él
- Comprar un portabebés que vibre
- Envolverlo como un tamal o paquete
- Pasear al bebé en un automóvil en su sillita especial de seguridad
- Ponerlo con la barriga hacia abajo sobre tu regazo mientras frotas su espalda o le das golpecitos muy suaves

todobebé

- Ofrecerle un chupete (chupón, tete, pepe)
- Ponerlo cerca de un sonido constante como el ruido de una aspiradora, de una secadora o del agua corriendo.

Debes de sospechar que algo más serio le sucede a tu bebé y llamar al pediatra si tiene menos de tres meses y:

- Se le ve enfermo
- Tiene fiebre de más de 100.4° F (o 38°C), medida con un termómetro rectal
- Se le siente muy frío y su temperatura rectal es menor a 96.8° F (36° C)
- La fontanela (la parte suave de la cabeza) está hinchada o sobresale
- Está vomitando
- Crees que puedes haber sacudido a tu bebé o haberlo lastimado
- Han pasado dos horas y no logras calmarlo ni por un instante

No dejes de alzar a tu bebé en brazos por temor a malcriarlo. Dale todo el cariño que quieras darle, ya que de esa manera le darás seguridad y aprenderá que respondes a sus necesidades. Eso sí, después de los seis meses, haz una pausa y evalúa si tu hijo te está manipulando para así evitar recompensarlo cuando está llorando sólo para llamar la atención.

tres

Precauciones Especiales si Tu Bebé Nace Prematuro

En este capítulo: Salir del Hospital Sin Tu Bebé—Qué Necesitarás para Tu Bebé Prematuro—¿Cuándo Podrás Llevar a Tu Bebé a Casa?—Cómo Cuidar un Bebé Prematuro—¡Ojo con el Virus Sincitial o RSV!—¿El Desarrollo de un Prematuro Es Igual que en Otros Niños?

Si acabas de dar a luz antes de cumplir las treinta y siete semanas de gestación, quizás te tomó por sorpresa el haber tenido un bebé prematuro. Muchos padres se sienten así; es más, aproximadamente cada minuto nace un bebé antes de tiempo en los Estados Unidos. Por eso hemos dedicado este capítulo a ciertas consideraciones especiales que necesitan los bebés que tienen mucha prisa en llegar a este mundo. Podríamos escribir un libro completo sobre el tema, pero aquí por lo menos te ofrecemos lo básico que debes saber.

Salir del Hospital Sin Tu Bebé

Primero que nada, debes estar preparada para que te den de alta antes que a tu(s) bebé(s). Esto puede ser muy difícil para los padres, ya que es poco probable que te hayas imaginado que después de dar a luz regresarías a casa sin tu hijo o hijos, ya que los nacimientos prematuros son comunes en los partos múltiples. Eso le pasó a Vivian. "Cuando salí del hospital... fue bien triste. No creo que ninguna madre pueda decir algo diferente, es bien triste dejar a un hijo en un hospital y más aún en estas condiciones. Y yo venía a ver a mi bebita todos los días," recuerda.

El deseo de quedarse en el hospital junto al bebé es tremendamente fuerte, pero no es algo factible, más que nada por el alto costo económico que implicaría dejar a la madre hospitalizada cuando no hay un motivo de salud que lo amerite.

Si tu bebé nació prematuro, estará en una incubadora hasta que gane peso y regule su propia temperatura.

Es normal sentirse triste e impotente al tener que dejar al bebé en la unidad de neonatología, pero estos consejos pueden aliviarte un poco:

- Pídele a la enfermera que te deje tomar en brazos a tu bebé antes de irte o que te dé permiso para tomarle la mano.
- Toma muchas fotos y llévalas a un servicio de revelado de una hora para que tengas fotos de tu bebé contigo. Si tienes una cámara digital, mejor aún. Si te molesta ver a tu bebé con muchos tubos, trata de buscar un ángulo en que no se noten tanto; la idea es que te acuerdes de tu bebé, no que te deprimas.
- Llévate algún objeto que te recuerde que tu bebé está vivo y luchando por su vida, como una gorrita, un pañal de tela o una manta.
- Deja una foto tuya cerca de su cuna.

- Anota todos los números de teléfono que puedes necesitar, como el de las enfermeras de la unidad de neonatología, el número más cercano a la cuna del bebé, y el del médico que lo está atendiendo. Tenlos siempre a la mano.
- Para aliviar tu angustia por no tener a tu bebé en casa, abraza un osito de peluche. Cada vez que sientas ganas de apapachar a tu bebé, abraza al oso.

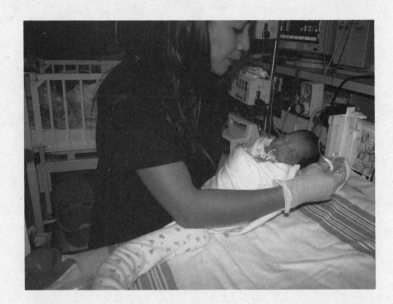

Establece un contacto cercano con la enfermera encargada del cuidado de tu bebé. Ten a mano su número de teléfono mientras estás en casa.

Los niños nacidos prematuramente presentan inmadurez en sus órganos, por lo que tienen ciertas diferencias con los niños que sí han completado el tiempo de gestación en el vientre materno. Por ejemplo:

- Si nace antes de las treinta y cuatro semanas, es común que el bebé no pueda respirar por sí solo, ya que los pulmones carecen de una sustancia llamada *surfactante* que hace que nuestros pulmones puedan expandirse y permitir una adecuada respiración

- La piel es más delgada y puede haber pérdida de calor fácilmente, lo que puede requerir estar en una incubadora o una cuna radiante.
- Los mecanismos para combatir infecciones están pobremente desarrollados, por lo que el bebé es muy vulnerable.
- El reflejo de succionar puede no estar establecido y el bebé necesitará ser alimentado por una sonda que va de su boca al estómago hasta que llegue a la que hubiera sido la semana treinta y cinco de gestación.
- Puede haber sangrado en el cerebro.
- Hay mayor incidencia de excesos de bilirrubina en la sangre, lo que produce ictericia (por inmadurez del hígado).
- Hay un mayor riesgo de que sufra de anemia.
- Un equipo de pediatras especializados necesitará revisar que no haya daño en la retina ni en los oídos de tu bebé.

En todo caso, si tienes muchos temores por las posibles secuelas que pueda sufrir tu bebé, los avances médicos han logrado reducirlas mucho. Es más: si tu hijo(a) nació después de la semana treinta de gestación, el pronóstico es muy bueno, sobre todo para su desarrollo. Lo que debes saber es que tu chiquitín será más propenso a tener ciertos problemas con su dentadura, en específico, con el esmalte de sus dientes. No se sabe el porqué con claridad, pero tenlo en mente para cuando crezca.

TODOBEBÉ TIPS: QUÉ LLEVAR AL HOSPITAL CUANDO VISITAS A TU PREMATURO
Otra cosa muy importante es preparar un bolso para cuando vayas al hospital a visitar a tu(s) bebé(s). Algunas cosas que te pueden ser útiles son:

- Ropa limpia para tu bebé en talla extra pequeña, si es que te dan permiso para vestirlo.
- Identificación con foto, como cédula de identidad o permiso de conducir.
- Dinero para comprar comida, llamar por teléfono y pagar el estacionamiento (si vas en automóvil al hospital) o para el autobús.

- Analgésico suave para ti (como paracetamol).
- Implementos para extraerte leche (los mejores extractores de leche están en los hospitales, puesto que son los más potentes), como botellas para la leche, etiquetas, bolígrafos y discos absorbentes para los pechos.
- Alguna merienda para ti y un refresco o un vaso que puedas llenar con agua.
- Una cámara de fotos o video; revisa que tenga rollo o casete y las pilas cargadas.
- Un suéter o chaleco para abrigarte.
- Una libreta para anotar las preguntas que te ocurran. Cuando veas al médico, no se te olvide preguntar sobre las dudas que tienes anotadas.
- Números de teléfono que puedes necesitar, como los de familiares y amigos más cercanos, el de un servicio de taxi, el de la compañía de seguro médico, el de tu ginecólogo (por si te llegas a sentir mal) o el de un sacerdote o rabino.

Recuerda que tu hijo está en buenas manos. Pide ayuda a quienes te rodean y cuando estés en tu casa, trata de descansar lo más posible. Estás en un momento delicado para tu salud ya que acabas de dar a luz y debes tratar de cuidarte al máximo. No te sientas culpable por no estar en el hospital las veinticuatro horas del día. Pronto vendrán tiempos mejores.

Qué Necesitarás para Tu Bebé Prematuro

Los bebés prematuros tienen necesidades especiales. En la lista típica de cosas que necesitarías para tu hijo, quizás deberías añadir algunas cosas, así que asegúrate que tienes lo necesario para tu pequeño y preciado tesoro.

Para tu bebé prematuro necesitarás:

- Pijamas de talla especial para prematuros (la talla de recién nacidos normalmente es para bebés de más de 5 libras o 2.5 kilos).
- Gorra de tamaño más pequeño; los bebés pierden mucho calor por la cabeza y es muy importante cubrírselas.

- Pañales más pequeños para las primeras semanas. Casi todas las marcas utilizan la letra P para marcarlos. Pregunta en el hospital dónde conseguirlos.
- Calcetines extra pequeños.
- Sacarte la leche para llevársela al hospital. Aunque parezca muy poca, cada gota ayuda a tu bebé.
- Biberones con tetilla o chupón especial para prematuros.
- Adaptar la silla del automóvil poniéndole una cobija o protector especial donde va la cabeza del bebé para que se sostenga bien.
- Si lo recomienda tu médico, un monitor para la apnea o con sensor de movimiento.
- Buscar grupos de apoyo para padres de prematuros en el hospital más cercano.
- Informarte mucho.

¿Cuándo Podrás Llevar a Tu Bebé a Casa?

Aunque cada caso es diferente, en general los médicos autorizarán a un bebé prematuro a irse a casa con sus padres cuando:

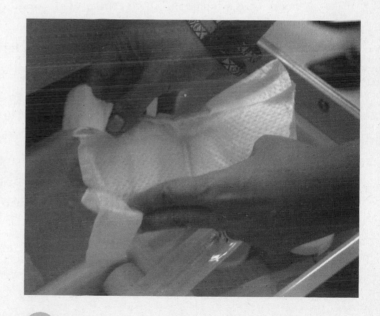

Un bebé prematuro requiere de pañales y ropa de talla especial.

- Sea capaz de mantener su temperatura corporal.
- Haya aumentado de peso.
- Pueda alimentarse tomando el pecho de su madre o fórmula en biberón.
- Respire por sí mismo.
- No necesite cirugías a corto plazo.

Otro factor que se toma en cuenta es que el bebé no sufra de muchos episodios de apnea, es decir, momentos en que deja de respirar. En todo caso, de seguro el equipo médico del hospital evaluará a fondo la salud de tu hijo antes de entregártelo. Recuerda aclarar todas tus dudas antes de llevarte a tu hijo y de tener a mano los números telefónicos de los médicos o enfermeras a quienes deberás llamar en caso de alguna complicación.

Cómo Cuidar un Bebé Prematuro

Una vez que a tu bebé lo den de alta, comienza una etapa un poco más tranquila porque lo tendrás cerca de ti. Sin embargo, eso no significa que te puedas relajar mucho. Los hijos prematuros necesitan ciertos cuidados especiales porque son más propensos a los problemas respiratorios y a otros males, como el reflujo. Todo esto puede poner a prueba tu paciencia y tus fuerzas, por eso te sugerimos que busques apoyo de otros padres que han pasado por lo mismo.

Hay veces en que deberás aprender a manejar máquinas especiales que están conectadas a tu bebé. Tal como lo señala el especialista en medicina prenatal y neonatología Félix Estrada del Joe Di Maggio Children's Hospital, "Algunos de ellos se van a la casa con monitor porque tienen o han tenido periodos en que dejan de respirar." Ello se conoce como apnea y si no es vigilado, puede tener consecuencias fatales. No todos los prematuros sufren de ella, pero sí es muy común, debido en gran parte a la inmadurez de su sistema nervioso central, que controla la respiración.

Por eso el momento de dejar el hospital viene acompañado de muchas instrucciones médicas a las que debes prestar mucha atención. "Enseñamos cómo hacer la resucitación infantil en caso de que el niño deje de respirar una vez que esté en su casa," explica el Dr. Ignacio Zabaleta, neonatólogo del Hospital Mount Sinai en Miami Beach.

"Básicamente los cuidados en casa son los mismos que para un niño a término, pero si tienen problemas pulmonares o si nacieron con menos de treinta y dos semanas de gestación, a veces requieren unas vacunas extras para evitar infecciones respiratorias." Vacunas que pueden costar cientos de dólares si es que no tienes seguro médico.

Sin embargo, tal como lo menciona el Dr. Zabaleta, la mayoría de las veces los cuidados son muy similares a los de un bebé nacido después de las treinta y siete semanas de gestación. Por ejemplo, siempre hay que lavarse bien las manos antes de tocar o cargar al niño. También es conveniente evitar los lugares muy concurridos, para evitar que el bebé se contagie de algún virus que pudiera afectarlo seriamente, como la influenza.

Cómo alimentar a un bebé prematuro

La alimentación también requiere de un esfuerzo especial. El intestino del bebé puede no estar bien desarrollado y no tolerar bien la leche. Por ese motivo, inicialmente muchos bebés prematuros recién nacidos son alimentados por vía intrave-

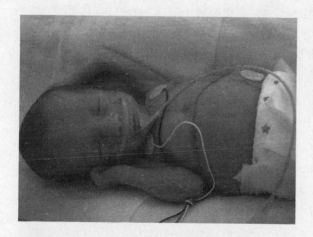

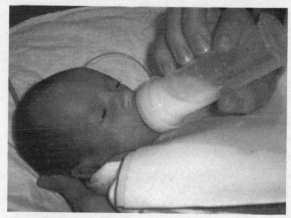

Este bebé es alimentado por tubos que llevan la leche a su estómago ya que aún no tiene fuerza suficiente para succionar.

Cuando el bebé prematuro ya está listo para recibir su alimento por vía oral, se empieza con biberones de 2 onzas de leche.

nosa. Después de que el bebé ha evolucionado y asimilado bien la alimentación que se le ha suministrado por vía intravenosa, los médicos alimentarán al bebé a través de un tubo naso-gástrico (es un tubo plástico que lleva la comida al estómago del bebé y es introducido por la nariz). La alimentación llevada al estómago del bebé es de preferencia leche materna, ya extraída de tu pecho. Pero en el caso de que no tengas suficiente leche, el bebé sería alimentado con un suplemento que reemplace la leche materna.

Aunque sea difícil, ya que los prematuros no tienen el instinto ni la fuerza necesaria para succionar del pecho, darle leche materna es lo mejor que puedes hacer por tu chiquitín. Puedes pedir un sacaleches en el hospital para que le den aunque sean tan solo unas gotas de tu leche. "Darle la leche del seno es algo que la madre puede hacer para sacar adelante a su bebé prematuro," enfatiza el Dr. Zabaleta.

Luego, para ir ayudando a tu bebé a alimentarse directamente de ti, en las salas de cuidado intensivo neonatal de algunos hospitales, pueden empezar a alimentarlo de manera alternada. Primero le suministrarán los alimentos a través del tubo naso–gástrico y después permitirán que el bebé sea alimentado con leche materna directamente por ti, sin recurrir a la alimentación a través de un tetero o biberón como método de transición. Usualmente el proceso de alimentación materna se inicia cuando el bebé ya ha cumplido entre treinta y dos a treinta y cuatro semanas y pesa alrededor de 3 libras y 5 onzas.

Una señal que los neonatólogos tienen en cuenta para establecer cuando el bebé está listo para tomar leche materna directamente de la madre es cuando lo alimentan naso–gástricamente cada tres horas o cuando tu bebé empieza a presentar algunos movimientos de succión con el chupete (chupo) o a tragar saliva.

Algunos doctores creen que la alimentación materna ayuda a que el bebé supere los problemas acarreados por el nacimiento prematuro, así que ten paciencia y sigue sacándote leche hasta que tu bebé sea lo suficientemente fuerte como para succionar por sí solo.

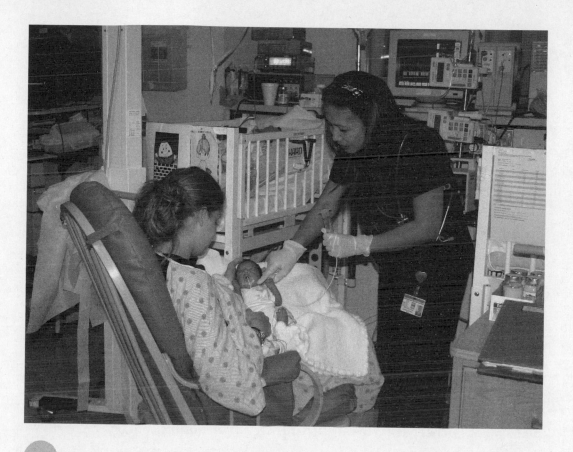

En las unidades de cuidados intensivos neonatales se da apoyo a la madre para que pueda amamantar a su bebé.

¡Ojo con el Virus Sincitial o RSV!

Cada año nace más de medio millón de niños prematuros en los Estados Unidos, aproximadamente uno cada sesenta segundos. Como sus pulmones no están bien desarrollados y tienen pocas defensas, estos chiquilines son muy vulnerables a las enfermedades respiratorias. Pero es no es todo: corren enormes riesgos de contraer el virus respiratorio sincitial (RSV, por sus siglas en inglés), enfermedad que puede ser hasta diez veces más mortal que la influenza en los niños menores de un año. Antes se veía este virus sólo cuando llegaba el otoño y el invierno, pero ahora los médicos lo detectan todo el año, sobre todo en grandes ciudades como Miami o Nueva York.

¿La mejor manera de prevenir el contagio? ¡Lavándose las manos! Por eso insiste a todas las personas que visiten a tu bebé o tu hogar que por favor se laven las manos con agua y jabón cuando lleguen, especialmente antes de cargar a tu hijo. También es muy importante evitar todo tipo de exposición al humo del cigarrillo. Además, los pediatras recomiendan a los padres de prematuros que eviten lugares cerrados con mucha gente, como centros comerciales o supermercados, para así evitar el contagio del virus sincitial y otros virus.

Síntomas del virus sincitial

El RSV es la causa principal de hospitalización en niños menores de un año. Lo más peligroso es que los padres suelen no detectarlo porque es muy fácil confundirlo con un resfriado común y corriente o un cuadro gripal. Estos son los síntomas a los que debes prestar atención para detectar un posible contagio del virus:

- Fiebre constante
- Dificultad respiratoria
- El bebé realiza un gran esfuerzo para respirar
- Sus costillas aparecen retraídas
- Congestión nasal
- Respiración agitada
- Sonido en el pecho

Si tu bebé tiene estos síntomas, por favor llama al pediatra. Entre más temprano se detecta el RSV, son mayores las probabilidades de que tu niño se recupere pronto. Si dejas pasar el tiempo, tu hijo empeorará y se puede complicar la enfermedad, al punto de sufrir una neumonía.

Los estudios científicos tanto en los Estados Unidos como en Gran Bretaña indican que los niños que sufren del virus sincitial antes de los primeros seis meses de vida, son más propensos a desarrollar problemas de salud como el asma. Por eso es esencial prevenir, en el caso de esta enfermedad, para no tener que lamentar después.

¿El Desarrollo de un Prematuro Es Igual que en Otros Niños?

Una preocupación que comparten los padres de un bebé prematuro es si acaso su hijo se desarrollará igual que si hubiera nacido a término. "Los pasos en el desarrollo son esencialmente los mismos de un niño nacido a término considerando las semanas que el niño nació prematuro," aclara el Dr. Estrada. Es decir, que los prematuros tienen dos edades: la edad que habrían tenido si el parto no se hubiera adelantado y la edad cronológica desde el nacimiento. La que debes de usar para ver si tu pequeñín se desarrolla con normalidad es una edad ajustada o "corregida," que considere la fecha del nacimiento real menos las semanas que se adelantó. Es decir, si tu bebé nació un mes antes de la fecha esperada de parto, cada vez que evalúes su desarrollo debes tomar en cuenta que en realidad tu hijo tiene en verdad un mes menos que lo que indica su fecha de nacimiento.

En todo caso, los expertos señalan que cuando un bebé ha pesado más de 1,500 gramos al nacer, su desarrollo suele no presentar problema alguno en el futuro. Y otra buena noticia: cerca del 85 por ciento de los prematuros alcanza un crecimiento normal comparable al de un bebé nacido a término para cuando cumplen dos años.

Sin embargo, deberás tener paciencia porque quizás notes que tu hijo es extremadamente sensible a todo tipo de estímulo, incluso puede ser que rechace que lo toquen. O quizás cuesta mantenerlo despierto. Tranquilízate porque es normal. Lo importante es que aprendas a conocerlo y que tengas cuidado de que no haya demasiado ruido o mucha luz para evitar sobre estimularlo. Aprende a calmarlo y hacerlo sentir seguro, para que tu pequeño milagro guarde las energías para seguir creciendo en vez de gastarlas llorando y asustándose.

Algunos bebés nacidos antes de tiempo sí muestran problemas en el desarrollo del lenguaje. Hay especialistas que te pueden ayudar y es muy importante buscar ayuda apenas sospeches que hay un retraso. Otras veces, hay trastornos de aprendizaje como dificultades para escribir, armar rompecabezas o para memorizar cosas. Es importante detectar todo esto para evitar que tu niño se vea perjudicado cuando esté en la escuela.

Con amor, constancia y la ayuda de los especialistas, verás que saldrá adelante.

cuatro

Alimentando a Tu Bebé los Primeros Meses

En este capítulo: Por Qué Dar Pecho—Errores Frecuentes al Amamantar al Bebé—Algunas Preguntas Frecuentes Sobre la Lactancia—Cuándo Comenzar con el Biberón—Consejos para Quitarle el Pecho al Bebé—La Alimentación con Fórmula—Cómo Preparar la Fórmula Láctea—Alergias, Reflujo y Otros Problemas

Llegamos al tema que quizás más nos preocupa a los padres cuando tenemos un bebé: cómo alimentar apropiadamente a nuestro pequeñín. Es un tema que desata encendidas polémicas, pero más que nada, mucha confusión.

Lo primero que hay que dejar en claro es que no hay dudas entre la comunidad científica y médica sobre si es mejor la leche materna o la artificial (conocida como "fórmula"). Gana la materna. La Academia Estadounidense de Pediatría (AAP por sus siglas en inglés) incluso ahora recomienda dar de lactar por lo menos seis meses, ojalá un año. Otras entidades, como la Organización Mundial de la Salud, van más allá, y extienden esa recomendación a dos años.

Según una encuesta realizada por nuestro sitio Todobebe.com en el 2001, el 77,97 por ciento de las mamás de habla hispana optó por la lactancia materna. La mayoría, casi un 63 por ciento, dejó de dar el pecho cuando el bebé cumplió seis meses. Sin embargo, el 22 por ciento de las encuestadas prefirió la fórmula láctea porque no tenía leche o debía regresar al trabajo. "La encuesta refleja que éstas son algunas de las causas más comunes del abandono de la lactancia, unidas a la creencia de que es algo muy complicado o doloroso," señaló la nutricionista Andrea Torres. "Pero la lactancia materna llevada a cabo correctamente no duele y puede mantenerse mientras la mamá trabaja con la ayuda de un extractor de leche." Quizás te sientas como una vaca que se ordeña la leche, pero el sacrificio vale la pena.

La leche materna también está relacionada con menos incidencia de infecciones de oídos, menor tasa de obesidad y asma, además de un mayor desarrollo cognitivo en los niños. "Para lograr los máximos beneficios, las mamás deberían dar el pecho de manera exclusiva por lo menos durante seis meses," aconseja la nutricionista Torres, quien se graduó en la Universidad de Chile.

Sin embargo, es un hecho que por diversos motivos, miles de bebés no son amamantados. A veces no se puede. Otras, sencillamente no se quiere. Hay muchos mitos, pero también mucha frustración.

Tal como lo resume la mamá Gabriela Martínez: "Creo que no se puede comparar la naturaleza con una fórmula creada por el ser humano, pero al mismo tiempo también creo que no puedes pretender ser una guerrera absoluta y tienes que ser flexible y entender que hay diferentes opciones y alternativas."

Antes de profundizar más en el tema, quiero aclarar que soy de la filosofía que un día de leche materna es mejor que ninguno. Y aunque sí creo que es el mejor alimento para el bebé, no juzgo a quienes optan por el biberón con fórmula. Claro que debo confesar que yo di pecho por un año, una rareza según los pediatras a quienes he entrevistado y algo que me enorgullece.

Por más que aquí tratemos de guiarte para que tomes las mejores decisiones, queremos aclarar que no podemos decidir por ti, respetamos tu decisión.

Por Qué Dar Pecho

La lactancia materna tiene muchas ventajas. Por ejemplo:

- Es gratis
- No hay que esterilizar ni calentar biberones

- El contenido nutricional es perfecto para el bebé
- Dar pecho ayuda a que el útero de la madre vuelva a su tamaño normal
- Las defensas inmunológicas del bebé son reforzadas
- Las madres que amamantan tienen menor tendencia a desarrollar diabetes tipo 2
- Habrá un mejor desarrollo de los arcos dentales, del paladar y de otras estructuras faciales del bebé
- Habrá un menor riesgo de cáncer de ovario, de endometrio y mamario, en la premenopausia de la mamá que lacta

Esas son sólo algunas de las ventajas. Según la experta en nutrición pediátrica del Miami Children's Hospital, Cristina Visona, "la principal ventaja es la composición nutricional de la leche materna, es óptima para el crecimiento del niño, es muy fácil que el niño digiera esta leche."

Además se va adaptando a las necesidades nutricionales del bebé. "La composición de la leche materna cambia con el tiempo, independientemente de la alimentación de la madre," explica la experta en nutrición Andrea Torres. "Inicialmente se secreta calostro que contiene una mayor cantidad de proteínas y menos azúcares que la leche posterior. Luego se secreta la leche de transición y, posteriormente, la leche madura, alrededor del décimo día."

Las investigaciones también señalan que los bebés alimentados con leche materna tienen menos infecciones en los oídos (otitis media), tienen un coeficiente intelectual más alto, sufren menos de diarrea, asma y alergias, además de ser menos propensos a la obesidad.

Ello es especialmente importante en hijos de padres alérgicos, ya que la leche materna puede disminuir las probabilidades de alergias en el bebé. Otra ventaja es que la leche materna tiene un efecto laxante, por lo que evita el estreñimiento en el bebé.

Sin embargo, dar pecho no es fácil. Es un proceso confuso y al principio doloroso (las molestias deben desaparecer después de las primeras semanas). Una de las interrogantes que asalta a las mamás que dan pecho es saber si su bebé está recibiendo suficiente leche, sobretodo porque los primeros días sólo sale un suero llamado calostro que después da paso a la leche, que aparece alrededor de cuatro días después del parto.

La mejor manera de saber si el bebé recibe la comida que necesita es revisando sus pañales. Un bebé que está comiendo lo suficiente mojará de seis a ocho pañales en veinticuatro horas. Como la leche materna se digiere muy rápido, es normal que el bebé tenga hambre cada dos a tres horas y que succione de quince a veinte minutos por cada pecho.

No hagas caso a las personas que te digan que alimentar al bebé tan seguido le hará daño, salvo que tu pediatra te lo diga por una causa médica. Según la ex-

MITO O REALIDAD: LO QUE COMES ¿AFECTA AL BEBÉ?

Mucho se habla de evitar ciertos alimentos cuando estás amamantando. Aunque las listas de qué evitar suelen ser demasiado extensas e incluso exageradas, sí se ha comprobado científicamente que algunos alimentos pueden afectar o los bebés alérgicos. Si notas que tu bebé está irritable después de comer, con muchos gases o que sus deposiciones presentan mucosidad, puedes sospechar que ha tenido una reacción alérgica a algo que tú has comido.

Una investigación australiana liderada por el Dr. David Hill incluso dice que las mamás que eliminan por completo ciertos alimentos logran que sus bebés no sufran de cólicos en las primeras semanas de vida. El estudio mostró que las madres que eliminaron leche de vaca, huevos, maní (cacahuates), nueces, trigo, soya y pescado de sus dietas notaron una notable disminución en la irritabilidad y episodios de llanto de sus bebés, cuando se les comparó con las mamás que comieron normalmente. La mejoría se notó en tan sólo cuarenta y ocho horas.

Ojalá hubiera sabido de este estudio hace tres años. Con mi primer hijo, sufrí mucho porque no paraba de llorar en las tardes. Una amiga me dijo que podía ser lo que estaba comiendo y aunque no le creí mucho sí dejé de tomar leche de vaca, la reemplacé por leche de soya para seguir ingiriendo el calcio que necesitaba, y mi hijo en pocos días dejó de llorar por todo.

perta Cristina Visona "cuando la madre sienta que el niño tiene hambre, es hora de darle el pecho." Sin embargo, el llanto no necesariamente es muestra de hambre, ya que puede tener frío, necesitar que lo carguen, que le cambien el pañal o le saquen un gas. Un bebé que tiene hambre sacará la lengua y se chupará los puños. Si llora inconsolablemente, es porque hace rato que tiene hambre y no te has dado cuenta.

Además de beneficiar al bebé, la lactancia también facilita la pérdida del peso que ganan las madres durante el embarazo. Las investigaciones muestran que

Como es difícil darse cuenta de qué alimento es el que le está cayendo mal, puedes probar eliminando de a uno por varios días y ver si notas alguna mejoría. Aquí tienes una lista de comidas que pueden irritar o provocar alergias en tu bebé:

- Leche de vaca
- Soya
- Nueces
- Cacahuates (maní)
- Huevo
- Chocolate
- Café (con cafeína)
- Brécol (brócoli)
- Col (repollo)
- Coliflor
- Frijoles

Contrario a las creencias populares, las comidas muy condimentadas no necesariamente alteran a los bebés. Si no, todos los bebés de la India sufrirían de cólicos… y no es así. Sin embargo, debes de estar atenta porque hay mamás que dicen que tienen bebés muy sensibles.

generalmente, las madres lactantes pierden más peso el primer año después de haber dado a luz que las mujeres que no dan pecho. Esto se debe principalmente a la diferencia en la cantidad de calorías que gastan las madres lactantes al estar produciendo leche. Se calcula que una mujer que amamanta a su hijo necesita entre 200 y 400 calorías adicionales en su dieta, aunque si aumentaste mucho de peso en el embarazo, no es necesario aumentar la cantidad de calorías. Sí es fundamental tomar mucho líquido (de ocho a diez vasos de agua al día) y alimentarte de manera equilibrada, dando preferencia a vegetales y frutas. Recuerda: ¡sigues comiendo para dos!

¡OJO CON EL ALCOHOL!

Quizás pensaste que una vez que dieras a luz podrías volver a tomarte unas copas de vino cuando finalmente salieras a cenar con tu esposo. Sin embargo, si estás dando pecho, no es recomendable porque el alcohol pasará a tu bebé. ¿Te imaginas el efecto que unas copas pueden tener sobre un ser tan pequeño? A largo plazo, incluso le puedes crear ciertos problemas en su desarrollo motor o afectar el ritmo en que aumenta de peso.

Obviamente, mientras menor sea la cantidad, menor será el efecto, pero si habitualmente te gusta tomar vino, tequila o cerveza, necesitas tomar ciertas precauciones para no dañar a tu bebé. Por lo tanto, si deseas realmente beber alcohol, deja listo un biberón con tu leche antes de salir para reemplazar la siguiente toma. Cuando regreses de tu celebración, sácate la leche y bótala, para eliminar los residuos del alcohol, pero ten en mente que tu cuerpo necesita veinticuatro horas para procesar totalmente el licor.

Si bebes raramente y en poca cantidad, no te preocupes demasiado. Eso sí, si tu bebé sufre de reflujo, ten en mente que el alcohol puede caerle muy mal.

todobebé

Errores Frecuentes al Amamantar al Bebé

Lo que muchas veces me pregunto es por qué si dar pecho es lo mejor para el bebé, a la mayoría se nos hace tan difícil. Quizás nuestras expectativas son muy altas y creemos que como por arte de magia nacerá el bebé y tomará leche de nuestro seno sin ningún problema. La realidad es diferente porque debe haber un proceso de aprendizaje mutuo antes de llegar a esa sincronización entre mamá y bebé.

Y como todo proceso de aprendizaje, este también está lleno de errores. La consultora de lactancia Vivian Owen lo sabe bien porque le ha tocado ayudar a cientos de mamás. Los problemas más frecuentes que ve son relativos a la posición del bebé y a que agarra incorrectamente el pecho. "El bebé debe succionar alrededor del seno, no en la punta del pezón," explica, para que así se estimule la producción de leche y no se hiera a la mamá.

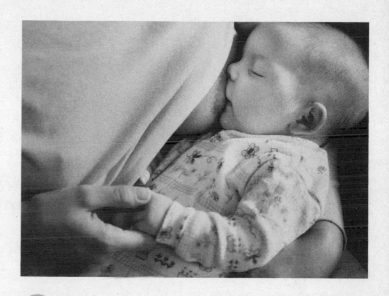

Para asegurarte de que tu bebé agarra bien el pezón, observa si su boca lo cubre completamente.

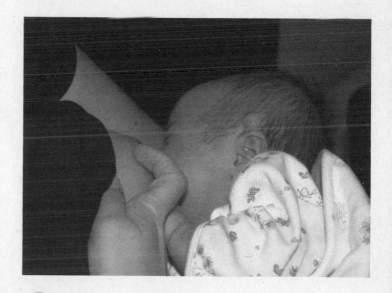

Estimula la barbilla del bebé para enseñarle a tomar la leche de tu pecho.

Sobre la posición del bebé, la experta señala que una posición incorrecta puede producirle dolor a la madre. Por ejemplo, un error común es inclinarse hacia el bebé y meterle el pecho en la boca. "La idea es que uno lleve el bebé hacia el pezón," dice Vivian Owen. ¿La solución? "Con la punta del pezón, hacerle un poco de cosquillas al bebé en el labio inferior. Cuando él siente ese cosquilleo en el labio inferior instantáneamente tiene tendencia a abrir la boca y cuando la abra, llevar al bebé al seno."

Si tienes los pezones muy adoloridos o agrietados, es muy posible que no estés colocando a tu hijo en una posición correcta. Lo mejor es pedirle ayuda a una consultora en temas de lactancia o a una familiar o amiga que ya haya dado pecho. En EE.UU. puedes conseguir apoyo llamando al 1-800-LA LECHE. Mientras tanto, trata de dejar tus pechos descubiertos después de cada toma y úntate un poco de tu leche para ayudar a cicatrizar las grietas. También venden cremas especiales con lanolina, pero consulta con la experta en lactancia antes de utilizarlas.

Otro error es pensar que no se tiene leche suficiente porque hay momentos en que el bebé pareciera querer estar "enchufado" las veinticuatro horas. Eso es común cuando el niño está experimentando un momento de crecimiento rápido, generalmente entre las tres, seis, nueve y doce semanas. No luches contra el hambre del bebé ni sucumbas a la tentación de darle un biberón con fórmula. Aunque parezca raro, al darle a tu bebé más seguido el pecho tu cuerpo se enterará de que se necesita más leche y producirá la cantidad necesaria al cabo de cuarenta y ocho horas o menos.

Si logras superar las dificultades de las primeras semanas, sentirás una gran satisfacción. "Es mucho trabajo, pero un trabajo que te hace sentir muy bien," lo resume Miriam Pearson-Martínez, mamá y experta en temas de lactancia.

TODOBEBÉ TIPS: CONSEJOS PARA FACILITAR LA LACTANCIA

Si deseas dar de lactar:

- Ten en cuenta que la lactancia es un proceso de aprendizaje, no es algo automático.

- Infórmate sobre el tema antes de dar a luz.
- Inicia la lactancia lo antes posible después del parto.
- Consigue la ayuda de una experta en lactancia para que te guíe y ayude a que el bebé tenga una buena posición.
- Alimenta al bebé según lo pida.
- Usa sostenes sin varillas para evitar bloquear los conductos lácteos en tus pechos.
- Toma de ocho a diez vasos de líquido al día.

Dale de comer al bebé según lo pida, para aumentar la producción de leche. "Entre más seguido das de lactar, más leche producirás," explica la nutricionista chilena Andrea Torres.

Asimismo, si te está siendo difícil o muy doloroso amamantar a tu bebé, pide ayuda. Eso hizo Pilar Walter cuando nació su hija Cecilia. "Tenía muchos problemas para darle de comer, para amamantarla y aquí me enseñaron cómo hacerlo, cómo colocarla para que ella pudiera comer bien y yo no sentir dolor," dice luego de asistir a una clase en el Hospital Mercy de Miami.

Algunas Preguntas Frecuentes Sobre la Lactancia

La experta Andrea Torres nos da la respuesta a algunas de las dudas más frecuentes sobre la lactancia.

¿Cuánto tiempo se supone que se le da el pecho al bebé?

La duración de las mamadas es individual y variable ya que cada binomio madre-hijo tiene su propio ritmo. En un recién nacido, el vaciamiento de una mama (pecho) suele demorar unos veinte minutos y al hacerse ambos más eficientes, puede llegar a ser de tres a quince minutos, cuando la lactancia está completamente establecida.

¿Se usan los dos senos?

Es conveniente que el niño vacíe totalmente una mama antes de ofrecerle la otra, de forma que reciba la leche del final de la mamada que contiene mayor cantidad de grasa. Algunas veces el niño tomará de un lado y otras, lo hará de ambos.

¿Cómo puedo calentar la leche materna que congelé?

Es importantísimo conocer estas recomendaciones para poder utilizar la leche extraída. La leche congelada se debe descongelar lentamente, cambiándola la noche anterior del congelador al refrigerador. La leche descongelada debe ser usada durante las veinticuatro horas siguientes.

Para entibiarla, se debe agitar el envase con la leche en agua caliente y por ningún motivo en agua hirviendo. El exceso de calor destruye las enzimas y proteínas. El microondas produce el mismo efecto.

Es normal que la grasa de la leche extraída se separe; se debe agitar suavemente para homogenizarla.

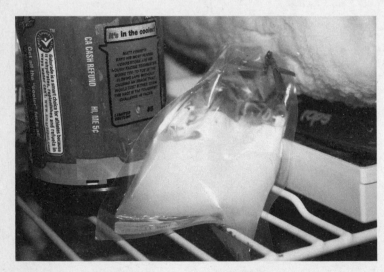

La leche puede ser dada al bebé en vaso, con una cuchara o un biberón (mamadera, mamila o tetero). Los restos de la leche que deje el niño pueden ser reutilizados sólo durante ese mismo día.

La leche materna extraída tiene un tiempo de conservación recomendado, y no hay pérdida de nutrientes durante ese lapso. Esta es la duración de la leche materna según la Liga de la Leche:

Al congelar tu leche, escribe siempre la fecha para que puedas utilizar la más antigua primero.

Cuándo Comenzar con el Biberón

A menos que prefieras que tu bebé dependa de ti 100 por ciento para ser alimentado, en algún momento necesitarás que aprenda a tomar tu leche de otra manera, ya sea en un vaso entrenador o en biberón. Esto es muy importante especialmente si tienes que volver a trabajar.

Aunque muchas personas dicen no creer que el bebé se confunda cuando alternas entre el pecho y el biberón en las primeras semanas, personalmente creo que sí puede afectar tu producción de leche y la manera en que succiona el niño, salvo que busques una mamila o tetina que se parezca al pezón de la mamá. Claro que si esperas demasiado a presentarle un biberón a tu chiquitín, corres el riesgo de que lo rechace por completo.

DURACIÓN DE LA LECHE MATERNA

Modo de conservación	Tiempo de duración
Temperatura ambiente: (66–72° F, 19–22° C)	10 horas
Refrigerador (no en la puerta): (32–39° F, 0–4° C)	8 días
Congelador (dentro de una refrigeradora cuya puerta se abre con frecuencia):	14 días
Congelador (con una puerta separada a la de la refrigeradora):	3 a 4 meses
Congelador aparte (0° F, -19° C)	6 meses o incluso más tiempo

Para evitar esa situación, no esperes más allá de seis semanas para comenzar con el biberón y pídele a otra persona que se lo dé (por ejemplo, tu esposo, tu suegra o la persona que cuidará de tu bebé cuando estés fuera de casa). De esa manera

¿SE PUEDE DAR EL PECHO A UN BEBÉ ADOPTADO?

Si has tomado la decisión de adoptar un bebé, probablemente te preguntarás si es posible amamantar a tu hijo a pesar de no ser la madre biológica. Aunque no es fácil, sí es posible darle de lactar y así forjar un vínculo inolvidable con tu hijo.

Hay varios factores que influyen y ayudan a amamantar a un bebé adoptado. Lo primero es tener muchas ganas de hacerlo. Se requiere de una fuerte dosis de voluntad. También es fundamental contar con la ayuda y el apoyo de tu pareja, del pediatra y de una experta en lactancia.

Como no has dado a luz al bebé, es necesario empezar a prepararte con varias semanas de anticipación para empezar a producir leche. En algunos casos se puede necesitar alguna hormona estimulante durante unas semanas antes de empezar. Además, recomiendan estimular los pechos varias veces al día con un extractor de leche antes de que llegue al infante. Una vez que tu hijo llegue a casa, tendrás que darle muy a menudo de mamar. Paralelamente, se recomienda darle suplementos de fórmula láctea, ya sea con una jeringa especial o un biberón. También se puede usar el método del "ñuñu," mediante el cual la mamá se cuelga una bolsa o biberón con fórmula láctea que tiene un tubo delgado para que sea introducido en la boca del bebé mientras succiona el pecho. De esa manera se lo alimenta y se estimula al mismo tiempo la producción de leche. Hay varios sistemas a la venta en tiendas especializadas de bebés.

Aunque no se logre la lactancia materna exclusiva, sí se estará traspasando al bebé todo el amor de su mamá y muchos de los beneficios de la leche materna. Si realmente te animas a intentarlo, ¡bien vale la pena!

todobebé

tu producción de leche ya estará más establecida. Sin embargo, debes estar consciente que algunos bebés empiezan a rechazar el pecho si le ofreces muy seguido un biberón y si no te sacas la leche, comenzarás a producir menor cantidad.

MI EXPERIENCIA CON LA LACTANCIA

Hay muchas mujeres a las cuales la lactancia les resulta lo más natural y sencillo del mundo. Se jactan de lo fácil que es llegar y darle la teta al niño, sin necesidad de esterilizar biberones o andar comprando fórmula.

Yo no fui de ese grupito afortunado. Es más, insisto en que la madre naturaleza esta vez no estuvo muy iluminada e hizo las cosas más complicadas de lo que deberían ser. Creo que si no hubiera sido tan terca, hubiera abandonado la lactancia.

Por suerte me había preparado para lo que me tocó. Sabía que debía tratar de amamantar a mi hijo apenas naciera y así lo hice, para estimular la producción de leche. Sabía que tendría que estar dispuesta a darle pecho cada dos horas, contadas desde el inicio de cada toma (o sea, sabía que no dormiría por mucho tiempo). Sabía que al principio dolía. Pero no sabía que ese dolor se convertiría en casi una tortura.

A pesar de leer mucho sobre el tema y de haber asistido a una clase de lactancia, no logré colocar bien al bebé durante varias semanas. O quedaba muy abajo o quedaba muy arriba. Me untaba un poco de mi leche en los pezones para que se sanaran. Trataba de mantenerlos al aire libre lo más posible (perdí el poco pudor que me quedaba después del parto). Me echaba una crema especial de lanolina pura. Nada servía.

El asunto es que se me hicieron llagas y cada vez que mi hijito se prendía al pecho, tenía que apretar los dientes dolor. Estos problemas de posición se tradujeron en que se me hirieron los pezones, al punto que a la semana de nacido mi bebé, yo ya presentaba mastitis. Ese término científico en palabras sencillas quiere decir infección en los pechos. Tenía los pechos enrojecidos, inflamados,

(continúa)

con bolitas duras y sentía un dolor insoportable. Eso unido a una fiebre altísima, inapetencia y un cansancio extremo. La situación me hacía estallar en lágrimas, producto también de los vaivenes hormonales que se presentan después del parto.

Contrario a los instintos, cuando se presenta mastitis, no hay que dejar de dar pecho, sino tratar de vaciar la leche lo más seguido posible. Así que con la ayuda de analgésicos suaves (aprobados para ser usados en la lactancia), antibióticos, paños calientes y papas ralladas (sí, leyeron bien, la papa cruda rallada desinflama la zona) y mi bebé hambriento, logré salir adelante.

El problema de la posición lo resolví comprando un cojín especial que coloca al bebé de manera perfecta. Estos almohadones especiales vienen en forma de "c" y permiten apoyar al bebé mientras le das de lactar. Hay muchos en el mercado y tienen cubiertas lavables. El que

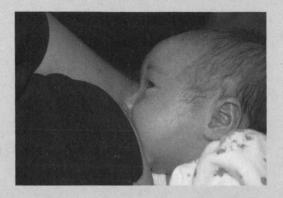

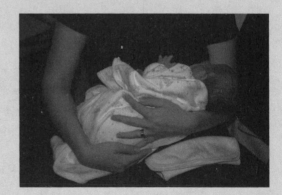

Estas posiciones son muy convenientes para amamantar correctamente al bebé y para ayudar a la mamá a permanecer relajada.

yo prefiero (llamado My Breastfriend) tiene un soporte para la espalda y se abrocha en el costado para que se ajuste al cuerpo. ¡No se imaginan cómo cambió mi vida! Una vez que darle pecho al bebé dejó de ser sinónimo de dolor, pude entender por qué para tantas mujeres la lactancia les permite crear un lazo tan especial con sus bebés. Sin embargo, luego de haber sufrido tanto dolor, entiendo también por qué tantas mujeres abandonan la lactancia.

Esos no fueron los únicos obstáculos que encontré. Estaba obsesionada con que no tenía suficiente leche debido a que mi hijo bajó bastante de peso durante los primeros días de vida y una enfermera insistía en que le diera fórmula, hasta que empezó a engordar casi el doble de lo normal en su primer mes de vida. Luego empezaron los cólicos, así que tuve que suprimir ciertos alimentos de mi dieta porque irritaban a mi pequeñín. Y aprendí a no comer nada picante, frijoles (porotos), cebolla o leche, salvo que quisiera aguantar horas de llanto de mi pobre bebé a causa de los gases que sentía.

Y ni hablemos de cuando pensé que se me acababa la leche porque mi hijo se quedaba con hambre y quería estar prendido a mi pecho todo el día. Gracias a toda la información que recibí, me enteré de que el bebé estaba pasando por una etapa de crecimiento (ocurre durante la tercera, sexta y novena semanas de vida generalmente) y que era la única manera de que mi cuerpo se enterara de que tenía que producir más leche.

Todo ha sido un proceso de aprendizaje. Agotador, pero sumamente enriquecedor. La verdad es que darle de lactar al bebé es todo un arte.

Ahora cuando comparto con mi segunda hija la hora de darle de comer, miro lo bien que está y me lleno de felicidad. Además, no hay palabras que describan lo que se siente cuando tu bebé te mira después de tomar leche y te sonríe. ¿Vale la pena el sufrimiento inicial? ¡Claro que sí!

Consejos para Quitarle el Pecho al Bebé

Antes que nada, felicidades por haberle dado leche materna a tu hijo. Quizás tienes que regresar a trabajar o tienes que pasar largos momentos del día lejos de tu pequeñín, o sientes que ya se cumplió la etapa de la lactancia. Cualquiera que sea la razón, queremos ayudarte en este proceso de dejar de dar pecho, ya que si lo haces de golpe, puede hacerlos sufrir a ti y al bebé.

Como explica la pediatra del Miami Children's Hospital, Beatriz Cunill-De Sautu, "lo más importante es que la mamá sepa que esto es un proceso que toma semanas, que no es de un día para otro."

Estos consejos son para quienes necesitan quitarle el hábito de mamar al al bebé, no para quienes ven que sus bebés han perdido el interés en la lactancia. También asumimos que estás produciendo gran cantidad de leche. Además, ofrecemos estos consejos para quienes desean que su cuerpo se vaya ajustando a esta nueva etapa.

Si tu bebé es menor de un año, necesitarás reemplazar las tomas de leche materna por tomas de fórmula o leche materna congelada. Sin embargo, no puedes quitarle el pecho de golpe a tu hijo, ya que te extrañará a ti, y tu cuerpo no comprenderá lo que sucede.

Por eso te sugerimos lo siguiente: reemplaza una toma cada tres o cuatro días. Es decir, si tu bebé come cada cuatro horas, puedes comenzar dándole en biberón la segunda toma de la mañana. Continuar así por tres días y al cuarto día reemplazar la tercera toma del día por fórmula o leche materna en biberón. Si tus pechos están muy llenos de leche todavía y estás muy incómoda, espera un día más antes de quitar otra toma. Si sucede lo contrario, que tu producción de leche ya está disminuyendo (cosa que puede suceder si das de lactar a tu bebé y complementas con fórmula) y no sientes los pechos llenos, puedes acelerar el proceso y quitar una toma de pecho cada dos días.

todobebé

TABLA DE TOMAS DIARIAS PARA QUITARLE EL HÁBITO DEL PECHO AL BEBÉ

Día	Hora	Hora	Hora	Hora	Hora	Hora	Hora	Hora
1								
2								
3								
4								
5								
6								
7								
8								
9								
10								
11								
12								
13								
14								
15								
16								
17								
18								
19								
20								

¿Qué tomas dejar para el final del proceso?

Se recomienda reemplazar progresivamente las tomas dejando para el final la de la mañana y la de la noche. ¿La razón? Primero que nada, generalmente produces más leche en la mañana y cuesta que el cuerpo se vaya acostumbrando a que no se requiera más leche en ese horario.

Por otra parte, la toma de la noche a veces es la más difícil de dejar por temas sicológicos. Por ejemplo, el bebé muchas veces está acostumbrado a dormirse tomando el pecho de mamá. O incluso la madre siente que es un momento muy especial y le cuesta inventar una nueva rutina a la hora de dormir al bebé. Lo más importante es tomarse las cosas con calma y no angustiarse si no se sigue un calendario establecido. Hay muchas mamás que siguen amamantando a sus hijos sólo en la noche hasta que se sienten listas para abandonar la lactancia completamente… o sus cuerpos ya no producen suficiente leche.

¿Qué puede pasar si dejo de amamantar de golpe?

Si de la noche a la mañana dejas de darle el pecho a tu bebé, tu cuerpo seguirá produciendo la misma cantidad de leche que estaba acostumbrado. Esto no es bueno porque se pueden tapar los conductos de leche en tus pechos, inflamarse estos e incluso infectarse. Cuando se produce una infección, la zona se enrojece, duele mucho y a la madre le da fiebre. Hay que llamar al médico cuanto antes para que confirme el diagnóstico de mastitis (infección en los pechos) y recomiende el remedio adecuado (usualmente antibióticos).

¿Cómo puedo aliviar mis pechos?

Pocas mamás primerizas están preparadas para las incomodidades que se pueden sufrir al dejar de amamantar a sus bebés. Las molestias se producen porque la leche se acumula y se inflaman los pechos. Para aliviarte, puedes colocarte hojas de repollo (col) frescas y frías. Además puedes alternar entre compresas frías y calientes. Otras mamás dicen que los baños de tina o duchas calientes calman el dolor. "También se pueden usar paños tibios y un masaje para evitar estos problemas," señala la Dra. Beatriz Cunill-De Sautu.

Si notas enrojecimiento en tus pechos, fiebre, dolor de cabeza o tienes síntomas de una gripe, por favor llama a tu médico pues es posible que hayas desarrollado una mastitis.

¿Cómo puedo facilitarle la transición a mi bebé?

El proceso puede ser muy difícil para el bebé si no te preocupas de reemplazar esos momentos de conexión tan íntima que compartías con él por muchos abrazos, cariño y atención. Cárgalo en brazos (no te sorprendas si busca tu pecho), dale un masaje adecuado para bebés, llévalo a pasear... la idea es dedicarle mucha atención hasta que se vaya acostumbrando a que mamá ahora le da de comer de manera diferente pero con el mismo amor de antes.

"Reemplaza ese tiempo que compartías con tu niño con alguna otra actividad como ir a jugar, ver video, acurrucarlo, cualquier cosa," aconseja Miriam Pearson-Martínez, mamá y experta en temas de lactancia.

Si el bebé rehusa el biberón y ya tiene más de seis meses, intenta alimentarlo con un vaso entrenador (llamado en inglés *sippy cup*). En general, si se estima que no se va a lactar exclusivamente el primer año, se aconseja acostumbrar al bebé a tomar leche materna de un biberón después que se ha establecido bien la lactancia materna (entre las primeras cuatro a seis semanas de nacido), para que no lo rechace después.

Mucha suerte y ya lo sabes: no te obligues a dejar de amamantar muy rápido por presiones externas y consejos malos pero bien intencionados.

La Alimentación con Fórmula

Si no puedes amamantar o no deseas hacerlo, debes alimentar al bebé con fórmula todo el primer año de vida. Hay ciertas cosas básicas que debes considerar, como seguir al pie de la letra las instrucciones de la lata o el tarro de leche artificial para bebés. "Si la madre usa líquido concentrado, tiene que prepararlo siguiendo las instrucciones," explica la experta en nutrición infantil Cristina Visona. "Si es el polvo, las latas también tienen información de cómo prepararlo." Si preparas la leche con demasiada agua, tu niño no recibirá la nutrición que requiere y si, por el contrario, usas menos agua de la recomendada, se podría deshidratar o tener problemas digestivos.

No hay necesidad médica de calentar la leche, salvo que así le guste más a tu bebé. Lo importante es que no uses el microondas para entibiar el biberón, ya que se calentará de forma desigual y podría quemar la boca de tu bebé. Es mejor hacerlo a baño maría.

Los bebés que toman fórmula toman entre 1 y 4 onzas por toma, que generalmente será cada tres horas. Como tragan aire con el biberón, es muy importante hacerlos eructar frecuentemente. También hay que vigilar que reaccionen bien a la fórmula que recomienda el médico. Hay bebés que no toleran bien la fórmula hecha con leche de vaca y debe ser reemplazada por la fórmula de soya (soja). Si tu bebé está muy llorón e irritable, díselo al pediatra para explorar qué tipo de fórmula puede caerle mejor.

Aunque la fórmula no es lo mismo que la leche materna, sí da un alimento completo al bebé, así que no te sientas culpable si no logras dar pecho. En los Estados Unidos las leches artificiales para bebés son reguladas por la FDA, así que independientemente de la marca, puedes estar tranquila de que tu bebé recibirá los nutrientes que necesita.

Cómo Preparar la Fórmula Láctea

Si necesitas alimentar a tu bebé con fórmula láctea, necesitas tener claras ciertas recomendaciones, como lavarte las manos siempre antes de alimentar al bebé. Además, debes tomar otras precauciones. "Por ejemplo, el agua debe ser agua hervida o esterilizada," explica Cristina Visona, experta en nutrición del Miami Children's Hospital. Igualmente, el biberón durante los primeros meses debe hervirse antes de usarse para esterilizarlo.

todobebé

Una vez que tu bebé haya tomado del biberón, sólo puedes usar la leche que contiene durante la hora siguiente. Esto es muy importante para evitar que tu bebé se enferme. Además, si has preferido dejar preparados varios biberones en la refrigeradora, ten en cuenta que sólo puedes usar los durante veinticuatro horas. Después de ese plazo, debes botar la leche de fórmula ya preparada.

¿Y cuánto debe comer el bebé? Un niño recién nacido sentirá hambre cada 3 ó 4 horas, si toma formula, se le debe ofrecer entre 1 a 4 onzas, dependiendo de la edad del niño y cuanto pueda tolerar. A partir de los dos meses, generalmente los bebés necesitan entre 4 a 6 onzas por toma. Después de cumplir seis meses, tomará entre 6 a 8 onzas cada vez, pero trata de no darle más de 32 onzas en un plazo de veinticuatro horas porque lo estarías sobrealimentando.

Si le vas a dar fórmula a tu hijo, revisa esta tabla para calcular cuánta fórmula láctea necesitarás a la semana. Cada bebé es distinto y lo más aconsejable es consultar al pediatra sobre la cantidad correcta de leche para tu recién nacido. Según los

LECHE ARTIFICIAL O FÓRMULA QUE NECESITARÁ TU BEBÉ

Peso aproximado	Cantidad aproximada de fórmula al día
6 libras o 2721 gramos	5 onzas o 450 ml
7 libras o 3175 gramos	17.5 onzas o 525 ml
10 libras o 4535 gramos	25 onzas o 750 ml
12 libras o 5443 gramos	30 onzas o 900 ml
14 libras o 6350 gramos	35 onzas o 1050 ml

NOTA: Estas son pautas generales que debes consultar con tu pediatra. A partir de los seis meses, se empieza a dar comida sólida al bebé y se recomienda darle hasta 32 onzas o 950 ml de fórmula al día.

fabricantes de una conocida marca de fórmula láctea, generalmente el bebé tomará al día 2½ onzas de fórmula cada día por cada libra (450 gramos) que pesa.

Alergias, Reflujo y Otros Problemas

Hay bebés que no toleran bien la proteína de la leche. En ese caso, hay que buscar sustitutos a la hora de alimentarlos. Si das pecho, necesitarás eliminar los lácteos de tu dieta. Si das fórmula, quizás el pediatra te recomiende una elaborada a partir de soya (soja) o si las molestias siguen, puede recetar una fórmula hipoalergénica, es decir, hecha especialmente para bebés alérgicos.

Estos son algunos signos de que tu bebé sufre de algún tipo de alergia:

- Heces con mucosidad
- Deposiciones con sangre
- Diarrea
- Vómitos
- Reacción en la piel
- Extrema irritabilidad

El reflujo: un tormento para el bebé y sus padres

Otras veces el problema es que el bebé, especialmente si nació prematuramente, regurgita mucha leche. La pediatra Maura Cintas dice que son muchos los casos. "Es una situación común en los bebés," cuenta. "Lo que sucede es que el bebé devuelve el contenido alimenticio, la lechita que se tomó." Si el bebé no está molesto, no es para preocuparse y suele ser sólo un problema menor donde hay que estar dispuesto a lavar más ropa más seguido.

Esto es totalmente normal... salvo que la cantidad sea excesiva (más que una cucharada), el infante esté molesto, esté afectando su respiración o realmente se trate de un vómito proyectil. En ese caso, puede tratarse de reflujo gastroesofágico,

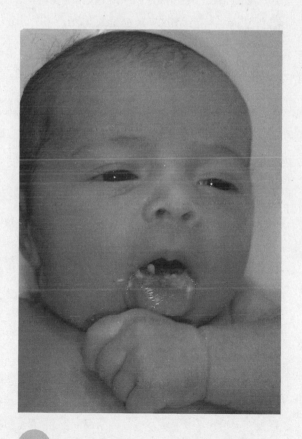

Si tu bebé sufre de reflujo mantenlo levantado 30 minutos luego de haberlo alimentado para evitar que se regrese su leche.

un mal que afecta hasta a un 40 por ciento de los bebés según el Dr. Marcos Akerman, pediatra del Joe Di Maggio Children's Hospital en Hollywood, Florida.

Algunos síntomas del reflujo son:

- Llanto e irritabilidad, sobre todo después de comer
- Vómitos de más de una cucharada de contenido
- Hipo después de las tomas
- Dificultad para conciliar el sueño
- Ganas de comer todo el día (porque el bebé siente alivio al succionar) o al revés, arquear la espalda cuando toma la leche.

Lisvette Ortueta conoce de cerca el problema. A su primera hija, Zoe, se le diagnosticó reflujo. "A ella le dan muchos gases, me tira muchos buches y también parece que le afecta un poquito su barriguita," explica.

Además su bebita, al igual que miles de bebés con este problema, lloraba mucho y arqueaba la espalda al comer. "A veces es un poquito frustrante porque uno no sabe como aliviarlos y qué hacer para que se alimenten," expresa Lisvette.

En mi experiencia, el reflujo puede ser una verdadera tortura para el bebé y sus padres. Tu hijo puede rehusar comer ya que aprende a asociar la alimentación con dolor o al contrario, o quiere comer constantemente porque se siente aliviado mientras succiona (lo que es especialmente cierto en niños que son amamantados). En el caso de mi bebita, el llanto después de comer era desgarrador y la leche se le salía hasta por la nariz. Obviamente ni ella ni yo podíamos dormir y el agotamiento nos irritaba a ambas. La única posición que la aliviaba era estar sobre mi pecho mientras yo estaba en una posición reclinada hacia atrás. Varias noches logramos conciliar un par de horas de sueño en esa posición.

Los médicos concuerdan en que hay ciertas medidas sencillas que dan buenos resultados. "Son lógicas; se trata de no establecer presión en la barriguita del bebé," dice la pediatra Maura Cintas. "Trata de sacarle bien los gases al bebé haciéndolo eructar después que come y mantenlo en una posición semi sentadito, más bien paradito, de manera que no devuelva la leche."

La experta en nutrición Andrea Torres además sugiere:

todobebé

- Tomar nota de la ingesta de leche. La sobrealimentación causa reflujo.
- Revisar cómo se alimenta al bebé. Hay que colocar al bebé con su cabeza más arriba que el resto de su cuerpo y evitar que trague demasiado aire.
- Fomentar la posición recta después de las comidas. Se sugiere la posición con la cabeza elevada, preferiblemente más de 30 grados.
- Alimentar al bebé con menos leche en cada toma pero de manera más seguida.

También conviene elevar la cabecera de la cuna, ya sea con la ayuda de cojines especiales o bloques de madera. Asimismo, el Dr. Akerman aconseja dejar el pañal del bebé un poco flojo, para que no le haga presión sobre el estómago. Otros médicos recomiendan que el bebé use el chupete (chupo, chupón, pepe) entre las comidas, para aliviarle la acidez.

Pero hay veces que estos cambios no solucionan el problema y el bebé está extremadamente molesto e incluso puede dejar de aumentar de peso. Esos casos ameritan un tratamiento más agresivo.

En esas situaciones también es recomendable consultar a un experto en gastroenterología infantil para evaluar si corresponde realizarle exámenes más profundos a tu bebé. Averigua bien sobre los efectos secundarios de las medicinas que se le pueden recetar a tu pequeño. La tendencia actual es recetar medicamentos que disminuyen o eliminan la producción de ácido en el estómago del bebé. Hay veces que se requiere de otro remedio más que estimule el vaciamiento del estómago, pero solamente el doctor puede determinar si ello beneficiaría a tu hijo. "Existen medicinas como el Zantac (antiácido) o el Reglan (que fomenta el vaciamiento gástrico), pero implican que el pediatra se involucre más con los padres," agrega la Dra. Cintas.

Contrario a lo que piensan muchos, dar leche materna es excelente para los bebés con reflujo por varios motivos. Primero, se digiere con mayor facilidad y rapidez (es decir, el estómago se logra vaciar más rápido y hay menos leche regurgitada), y segundo, tiene propiedades antiácidas que alivian (aunque sea de manera temporal) al bebé.

Y si pensabas que puedes solucionar el reflujo de tu bebé dándole cereal de arroz en su biberón o como papilla, la nutricionista advierte que esto puede tener el efecto contrario. "Si el régimen de alimentación es demasiado espeso, hace muy lento el vaciamiento gástrico y tiende a producir retención de leche que favorecerá el reflujo," advierte Andrea Torres.

En el caso de mi hija, los cambios de posición, mantenerla sentada después de comer y un medicamento que inhibe la producción de ácido han logrado calmarla y permitirle alimentarse mejor.

La buena noticia es que rara vez se requiere de una cirugía para corregir este mal. "El reflujo generalmente se resuelve solo, casi siempre alrededor de los siete meses," dice la Dra. Cintas. Mientras tanto, ármate de paciencia.

cinco

Cuidando a Mamá
(¡Y Papá También!)

Has tenido un bebé y sabes que tienes mucha suerte. Es lo más bello que te ha sucedido… pero no sabes por qué tienes ganas de llorar.

Es más: lloras y lloras y no lo puedes controlar. Eso incluso te puede dar más ganas todavía de soltar los lagrimones. Y pobre del que te pregunte "¿Por qué lloras?," ya que ni si siquiera puedes contestar de manera cuerda.

Eso le pasó a Ann Cisneros. "Yo tengo dos hijos, David y Carolina, y cuando nació Carolina yo esperaba sentir esa alegría que todas las mujeres sienten cuando les nace un hijo," cuenta. Pero en realidad no fue así; Ann sentía todo lo contrario, lo que la dejó completamente desconcertada… y llorando en silencio.

Pocas veces se les advierte a las nuevas madres que además de la alegría que trae un recién nacido, es normal que luego sienta un poco de pena o tristeza. Es posible que también experimenten la "melancolía de la maternidad," una forma muy leve de depresión. Ésta comienza de tres a seis días después del parto y dura hasta de dos a seis semanas. Es una especie de hipersensibilidad anímica que lleva a unos cambios de humor comparables sólo a la sensación de andar en una montaña rusa. Hasta el ruido del teléfono mientras tratas de darle de comer al bebé puede desencadenar una tormenta interna.

Los expertos opinan que estos sentimientos son causados por cambios hormonales (bajos niveles de estrógeno o trastornos tiroideos), fatiga y sueño interrumpido. Sin embargo, entre las familias latinas, hay otro factor más. Según Marisa Azaret, psicóloga del Miami Children's Hospital, "En nuestras familias hispanas existe el gran pecado de que la familia se le tira encima a uno y básicamente no te dejan desarrollar tu estilo de mamá." Eso te puede hacer sentir peor porque te lleva a cuestionar si eres buena madre.

Además, según la psicóloga y escritora Ana Nogales de California, el embarazo y la maternidad traen a luz la relación de la futura mamá con su propia madre. "Si no tuvo la mamá que hubiera querido, la melancolía puede invadirla y hacerla dudar si ella podrá ser la mamá que hubiera querido para sí misma," explica la Dra. Nogales. "Si tuvo una buena mamá, las dudas serán otras, como si será posible hacer tan buen trabajo como el que hizo su madre."

La mayoría de las veces, las ganas de llorar pasan en pocas semanas. "El 80 por ciento de las mujeres que tienen un bebé tienen ese período que se llama en inglés *baby blues* o período de tristeza," explica la sicóloga Azaret. Lo preocupante es que hasta quince de cada cien mujeres no logran salir de esa depresión tan fácilmente.

Por ejemplo, la cantante Marie Osmond y la esposa del ex vicepresidente de EE.UU. Tipper Gore han reconocido públicamente lo mucho que sufrieron a causa de depresiones posparto que no fueron debidamente tratadas. Más recientemente, la actriz y modelo Brooke Shields también habló de los problemas que tuvo con la depresión después de dar a luz a su hija Rowan e incluso publicó un libro. Asimismo, otra actriz, Courteney Cox Arquette, quien interpretó el personaje de Mónica en la serie *Friends,* reconoció que tuvo que batallar contra el desánimo y la tristeza que sintió cuando su bebita Coco cumplió seis meses.

Al igual que en los bebitos, las causas del llanto o la melancolía después de dar a luz, son muy variadas.

¿Será Depresión?

La depresión es una enfermedad que debe tomarse con seriedad. Desgraciadamente, es muy común entre las embarazadas y después de que nace el bebé. Un informe de la Agencia para las Investigaciones y la Calidad de los Servicios Médicos (AHRQ), una división del Departamento de Salud y Servicios Humanos de los Estados Unidos (HHS, por sus siglas en inglés), afirma que la depresión es tan común en las mujeres durante el embarazo, como lo es después del parto.

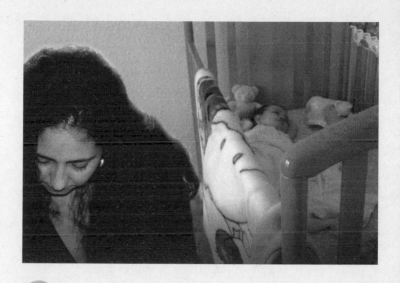

La preocupación de saber si lo estás haciendo bien como madre y la ansiedad por el futuro suelen intensificarse en el posparto.

"Los factores que contribuyen a la depresión durante y después del embarazo son muchos e incluyen historia familiar o personal de depresión o abuso de sustancias, ansiedad por el bebé que va a nacer, problemas con embarazos o partos anteriores, y problemas matrimoniales o económicos," explica la directora de investigaciones sobre la mujer de la AHRQ, Dra. Rosaly Correa de Araujo. "Factores adicionales que contribuyen a la depresión después del parto, pueden incluir un cambio drástico en el nivel de hormonas, sentirse cansada o no dormir lo suficiente, dudas acerca de ser una buena madre, y cambios en el trabajo y las rutinas domésticas," señala también la Dra. Correa de Araujo.

Como mencionamos, hasta un 15 por ciento de las madres sufre en mayor o menor grado de depresión posparto, que puede durar varias semanas o incluso meses. Aprende a reconocer los síntomas de este mal, para que puedas tratarlo a tiempo.

¡OJO! SEÑALES DE QUE ALGO MÁS SERIO ESTÁ PASANDO

¿No sabes si sólo te sientes triste o estás padeciendo de una depresión posparto? Aquí te damos algunos síntomas de la depresión, según una pauta de la Dra. Laura J. Miller, quien es jefa de servicios de salud mental para mujeres de la Universidad de Illinois en Chicago:

• Ansiedad excesiva sobre la salud del bebé
• Dudas acerca de la capacidad para cuidar del bebé
• Pensamientos suicidas
• Sensación de fatiga, lentitud o agotamiento
• Alteración en los patrones de apetito o sueño
• Incapacidad para disfrutar de actividades que antes te divertían
• Falta de memoria o poca capacidad de concentración

Eso sí, ten en mente que los dos primeros síntomas son normales en madres primerizas y no necesariamente son sinónimo de depresión. Además, la Dra. Nogales señala que la pérdida de concentración "es algo típico después de emociones intensas como el parto y no es un indicador de depresión en ese caso." Sin embargo, si tienes cuatro de los síntomas descritos, sí puedes sospechar que tu tristeza es algo más serio.

Puede ser difícil darse cuenta de la seriedad de los síntomas, por lo que los expertos recomiendan lo siguiente para quienes recién han dado a luz o han dejando de amamantar a sus bebés (porque también se producen cambios hormonales al abandonar la lactancia):

• Haz una lista con todos los síntomas o sentimientos que crees tener.
• Pregúntale a quienes te rodean (como tu pareja, tu mamá o una amiga) si acaso han notado cambios bruscos de ánimo de tu parte o si hay algún cambio de conducta que les haya llamado la atención. Incorpora un resumen de lo que te digan en tu lista.
• Lleva la lista al médico y coméntale tu preocupación.

todobebé

Dónde encontrar ayuda

Las personas que más te pueden ayudar a salir de dudas si crees que tus nervios, el cansancio y las anguistias que sientes realmente son señales de que algo más serio está sucediendo son médicos y especialistas en salud mental como siquiatras o sicólogos. Si tienes seguro médico de algún tipo, verifica que paguen por una cita antes de acudir al doctor. Y si no tienes seguro, como le sucede a millones de hispanos, te sugerimos que busques ayuda en:

- Centros comunitarios de salud mental
- Programas afiliados a universidades o facultades de medicina
- Clínicas para pacientes de consulta externa de hospitales estatales
- Agencias de servicio social o servicio a la familia
- Asociaciones locales de medicina y/o psiquiatría

Lo importante es que sepas que no tienes que sufrir en silencio y sola. Porque tus problemas tienen solución.

Sí hay tratamiento

La buena noticia es que la depresión posparto sí tiene tratamiento y no tiene por qué repetirse después en un próximo embarazo. Si crees que tu tristeza o pesar es indicación de algo serio o sientes que no logras controlar tus emociones, por favor acude a un médico lo antes posible para que te refiera a un experto. Hay veces que un psiquiatra es el más indicado para ayudarte, ya que te puede recetar medicamentos que te ayudarán a equilibrar tus estados de ánimo. Otras veces, un psicólogo puede ayudarte a superar las dificultades que estás viviendo.

No te automediques, ya que sólo una persona entrenada en el cuidado de la salud puede saber lo que es mejor para ti. Si estás amamantando a tu bebé, hay ciertos fármacos que puedes tomar sin dañar a tu hijo. Por eso es tan importante consultar a un médico y explicarle que estás dando pecho, para que pueda determinar cuál es el mejor camino a seguir (un tratamiento de terapia o una combinación de terapia con remedios).

Con el tratamiento adecuado, las mamás con depresión se recuperan con bastante rapidez. Si alguien que conoces presenta síntomas de estar deprimida, por favor trata de hablar con ella para que busque la ayuda de un experto.

Como la depresión posparto suele repetirse cuando se tienen más hijos, muchas mujeres se preguntan si pueden prevenir su recurrencia. La planificación previa puede ayudar. Durante el embarazo, por ejemplo, es buena idea prepararse mentalmente para los numerosos cambios de estilo de vida que pronto se van a producir. También es buena idea buscar a alguien que te ayude con las tareas del hogar y con el bebé durante la primera semana después del parto, para que el regreso a casa del hospital no sea tan abrumador.

Y algo muy importante: necesitas cuidarte para poder cuidar a tu bebé. Muchas veces nos centramos tanto en el bebé que nos olvidamos de nosotras mismas. Para Ann Cisneros, pensar en sí misma contribuyó a su recuperación. "Lo que me ayudó mucho fue comenzar a hacer ejercicios, ir al gimnasio, ocuparme un poquito más de mí, para sentirme bien y salir de esa depresión," recuerda esta joven madre de dos niños.

Así que recuerda: necesitas alimentarte bien para tener energías, descansar cuando tu bebé lo hace y saber que para nadie es fácil la vida junto a un recién nacido. Por otra parte, además del periodo de ajuste, necesitas estar pendiente de tu salud para ver si necesitas consultar al médico antes del chequeo posparto de las seis semanas.

Caminar con tu recién nacido te ayuda a recuperarte de dar a luz.

Una vez que regreses a tu casa después de dar a luz, es recomendable que prestes atención a cómo te sientes. Es normal estar cansada, pero cualquiera de los síntomas que describimos a continuación merecen atención médica:

- Sangramiento intenso. Una hemorragia que aumenta cada día, en vez de disminuir, es peligrosa, especialmente si está acompañada de coágulos grandes. Es normal sangrar hasta por cuatro a seis semanas, pero lo que importa es que vaya disminuyendo el flujo (o la cantidad de loquios).
- Fiebre y escalofríos por más de cuatro horas durante las primeras semanas que siguen al alumbramiento, puede ser señal de infección, de que quedó un poco de la placenta dentro de tu cuerpo o de mastitis (infección en los pechos).
- Secreciones vaginales malolientes.
- Dolor o sensibilidad abdominal severa.
- Micciones dolorosas que arden o son excesivamente frecuentes.
- Dolor intenso en la zona genital o anal. Un poco de molestias es normal, especialmente si tuviste una episiotomía (corte con puntos en la zona vaginal).
- Dolor en los pechos, acompañado de calor, enrojecimiento o dureza en una parte de la mama.
- Si tuviste cesárea, enrojecimiento y dolor que no disminuye en la zona de los puntos.

No ignores a tu cuerpo y llama a tu doctor o enfermera apenas sientas que algo no anda bien.

Cambia, Todo Cambia: Otras Modificaciones en Tu Cuerpo y Tu Vida

Durante el embarazo, todo el cuerpo se prepara para ayudar a desarrollar y darle la bienvenida al bebé. Personas que ni te conocen se acercan y te dicen qué linda

MITO O REALIDAD: ¿PESCADO ANTIDEPRESIVO?

Las hormonas son las responsables de los cambiantes estados de ánimo durante el embarazo, pero ahora hay un nuevo aliado si se quiere evitar la depresión antes y después del parto: el pescado. El comer salmón, sardinas, atún y arenque puede servir de antidepresivo y además es bueno para el corazón.

Según una investigación realizada a más de 11 mil mujeres británicas, entre más ácidos grasos del tipo Omega 3 ingiere una mujer durante el tercer trimestre del embarazo, menos probabilidad tiene de mostrar signos de una depresión mayor durante la gestación y hasta ocho meses después del parto.

Según uno de los autores de la investigación, el Dr. Joseph R. Hibbeln, las mujeres que más pescado comieron (de dos a tres veces por semana) tuvieron tasas de depresión de cerca de la mitad, comparadas con las que ingirieron menos Omega 3. La investigación fue dada a conocer en una reunión reciente de la Asociación Americana de Psiquiatría.

Se calcula que cerca de un 10 por ciento de las embarazadas sufre de depresión durante la gestación y hasta un 15 por ciento desarrolla depresión posparto. Sin embargo, todavía faltan estudios más detallados antes de que los médicos se decidan a recetar el consumo de pescado como un antídoto.

Si te preocupa la cantidad de mercurio que pueden tener ciertos pescados, el salmón suele tener muy poco. Además, el gobierno de EE.UU. recomienda consumir hasta 12 onzas de una determinada especie de pescado a la semana, por lo que puedes incluir alimentos que tengan el ácido graso omega 3 sin temor a ingerir demasiado mercurio.

* * *

luce tu barriga. Pero una vez que das a luz, esas libras o kilos de más sólo parecen estorbar y las mujeres lo único que desearíamos es volver a nuestra silueta de antes lo más pronto posible.

De nada sirve pensar que si te demoraste nueve meses en engordar, te demorarás por lo menos nueve meses en adelgazar. Vemos a las estrellas del cine y de la televisión tener a sus bebés y recuperar sus figuras en pocas semanas. Lo que no vemos es que muchas veces lo logran a un gran costo personal, haciendo mucho ejercicio con un entrenador personal, restringiendo drásticamente las calorías que ingieren y dejando a sus bebés al cuidado de niñeras. Todo por recuperar la imagen que es su fuente de trabajo. Claro que hay algunas que también tienen un metabolismo privilegiado que les permite ponerse sus *jeans* apenas salen del hospital.

Pero lo más probable es que tú no vivas de tu imagen ni tengas los recursos de las celebridades ni un metabolismo ultra veloz. Por eso debes de tener paciencia. Tus costillas y caderas se ensancharon para adecuarse a las necesidades del embarazo. Quizás tus pies también hayan crecido y ya no te queden tus zapatos de antes. Seguramente retuviste mucho líquido hacia el final de la "dulce espera" y tu cuerpo acumuló grasa para que pudiera producir leche aun en caso de escasez de comida. La barriga donde estaba tu bebé tiene que volver a su tamaño normal y tus músculos necesitan volver a fortalecerse. Sin embargo, nada de eso ocurre de la noche a la mañana, sobretodo si estás amamantando a tu bebé, en cuyo caso necesitarás ingerir más calorías aún que cuando estabas embarazada.

Eso sí, debes de hacer un esfuerzo para alimentarte de la manera adecuada y para realizar actividades físicas. Hay investigaciones que señalan que las mujeres que no han perdido el peso que engordaron en el embarazo al cabo de un año, probablemente sufrirán de sobrepeso en el futuro y quedarán más expuestas a desarrollar problemas como diabetes tipo 2 o hipertensión arterial (presión alta). Trata de comer alimentos lo menos procesados posible, como vegetales, frutas y legumbres, además de ingerir proteína. Sal a caminar con tu bebé, o busca una clase de ejercicios aeróbicos donde también tengan servicio de guardería. Lo importante es tener conciencia de cómo recobrar tu cuerpo de antes y mantenerte fuerte y saludable.

En mi caso, tardé nueve meses en regresar a mi peso, pero la ropa me quedaba diferente. Recién cuando mi hijo cumplió un año sentí que era algo parecida a la mujer de antes, pero nunca olvidaré la sensación de esas primeras semanas después de haber parido, cuando nada en mi guardarropa me quedaba bien. Una vez incluso me puse una blusa de maternidad. Fue un grave error. En el supermercado la cajera me preguntó "¿Para cuándo es el bebé?" Le expliqué que recién había dado a luz y salí lo más rápido posible del lugar. Frustrada y enojada, me sentía fea y gorda. Al día siguiente me compré un pantalón y una blusa que me quedaran bien y por lo menos nadie volvió a preguntarme por mi fecha de parto.

Sin embargo, hubo muchos días en los que no lograba sentirme atractiva. Había otros cambios que iría descubriendo...

Caída del pelo de la mamá después del parto

Es probable que durante el embarazo el pelo te haya crecido muy rápido. Después de dar a luz, en cambio, quizás se te haya puesto opaco o peor aún, se te haya empezado a caer.

En general, es normal e incluso, probable. Durante el embarazo, se activa el crecimiento de todos los folículos pilosos. En palabras sencillas eso quiere decir que crecen todos los cabellos a la vez, a diferencia del resto del tiempo, cuando hay unos que están creciendo y otros que están "dormidos."

Después del parto, el cuerpo de la mujer sufre muchos cambios hormonales y entre otras cosas, el cabello vuelve a su patrón de crecimiento normal. ¿Y eso qué

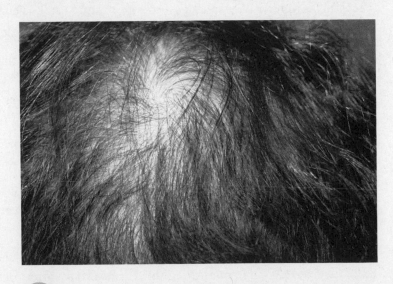

No te angusties si pierdes mucho cabello durante el posparto; es algo temporal.

implica? Que se caen algunos de los cabellos, generalmente en la zona de las sienes. Muchas mujeres lo notan de manera muy evidente cuando sus bebés cumplen cuatro meses de edad.

Por supuesto que encontrarse con manchones blancos en el cuero cabelludo no es nada agradable, pero normalmente no es motivo de consulta médica. Hay que tener paciencia, ya que una vez que se regularizan las hormonas y los patrones de crecimiento del cabello, todo vuelve a ser como era antes.

Si se te nota mucho que se te ha caído el pelo después del parto, hay varias cosas que puedes hacer para verte bien y no deprimirte mientras te vuelve a crecer:

- Cambia la partidura del pelo: es decir, cambia la dirección hacia donde te peinas. De esa manera puedes esconder las partes que están sin pelo, por ahora.
- Pídele a tu peluquero que te corte el pelo con otro estilo al habitual: no te recomendamos ningún cambio drástico porque te puedes arrepentir después, pero si tenías el pelo de un largo parejo, puedes cortarlo en capas. Si te lo peinabas hacia atrás, prueba con un estilo hacia el lado. Si lo llevabas muy largo, córtalo hasta los hombros.
- Cambia el color de tu cabello. A veces, un tinte distinto te puede subir el ánimo, pero ten en cuenta que el rubio muy claro puede hacerte ver más pelada.
- Evita mirar el peine después de desenredarte el cabello, te vas a deprimir y no te servirá de nada.
- Trata de no mirarte la cabeza en el espejo después de lavarte el pelo, las zonas sin pelo se notarán más y nadie te va a ver así; una vez que el cabello se seca todo es mucho menos notorio.
- Toma vitaminas y aliméntate bien. Este consejo vale no sólo por tu cabello (que reflejará tu estado de salud), sino por tu bienestar en general.

Si para cuando tu bebé ha cumplido los seis o siete meses la situación ha empeorado o no te está creciendo el pelo, consulta a un dermatólogo, para ver si tu alopecia (caída del cabello en términos médicos) se debe a otra causa.

¿Y los Hombres?

La salud del papá también es fundamental, pero se suele hablar poco de ella. Los hombres sufren de cansancio e incluso de depresión durante el embarazo de su pareja y en el posparto. Algunos engordan mucho, otros ven alterados sus patrones de sueño.

Cualquier síntoma de desánimo prolongado, de ansiedad excesiva o agresividad debe de ser tomado muy en serio y conversado con un experto. Sobretodo para evitar otros problemas que pueden desencadenarse, como adicciones.

Por otra parte, hay que tener conciencia de que el comportamiento del padre también afecta al niño. Algunos investigadores estadounidenses dicen que los papás que abusan del alcohol o que sufren de depresión afectan negativamente el desarrollo de sus hijos.

Por ejemplo, los padres alcohólicos son menos sensibles como papás y muchas veces sus hijos, aunque no en todos los casos, muestran problemas emocionales y de comportamiento. Por lo menos así lo afirman los estudios del Instituto de Investigación de Adicciones de la Universidad de Buffalo.

Los investigadores estudiaron a niños de doce, dieciocho y veinticuatro meses de edad junto a sus padres. Descubrieron que los papás que beben demasiado le hablan menos a sus hijos cuando el bebé tiene un año, se involucran menos y expresan más emociones negativas que los padres que no son alcohólicos. Lo más preocupante es que se irritan mucho más con sus bebés que los papás que no beben y no están alertas al comportamiento de sus hijos. Eso sí, las mamás casadas con un papá alcohólico sí estaban atentas a las necesidades de sus bebés.

Para cuando el niño cumple dieciocho meses, ya se empiezan a notar en los hijos de los papás alcohólicos los síntomas de ansiedad y depresión. Sin embargo, los investigadores aclararon que no todos los niños que nacen en el seno de una familia donde se abusa del alcohol tienen problemas. Incluso se cree que la depresión que suele afectar a quienes beben demasiado es la responsable de muchos de los problemas de comportamiento que más tarde se evidencian en los niños.

Si sientes que no puedes estar sin tomar una copa o una cerveza, o conoces a alguien que está teniendo problemas para controlar su consumo de alcohol, es fundamental buscar ayuda. El alcoholismo es una enfermedad que debe ser tratada, para evitar un daño mayor a quienes la sufren y quienes rodean a la persona afectada. Tiene solución, pero no se puede superar sin la guía de alguien que sepa cómo tratar esta adicción que afecta a millones de personas en todo el mundo.

Cambios en el Dormitorio: Ser Pareja Además de Padres

Si acabas de ser papá, probablemente llevas algunas semanas preguntándote cuándo será el momento en que recuperarás con tu pareja la sexualidad que compartían antes. La respuesta no es tan sencilla, ya que como te habrás dado cuenta, muchas cosas cambian después de la llegada de un hijo.

Mantener viva la pasión a veces parece imposible, especialmente después del parto. Para la mujer, hay muchos cambios físicos que hacen que disminuya el deseo o haga más incómodo el acto sexual mismo. La sicoterapeuta familiar Silvina Belmonte, lo explica así: "es como que el cuerpo quedó vacío de hormonas y se está recuperando."

Para el hombre, los cambios en la relación requieren de mucha paciencia y comprensión. La Dra. Ana Nogales señala que "algunos papás

Reestablece el romanticismo con tu pareja disfrutando juntos todos los pequeños detalles que rodean sus vidas.

se sienten excluidos durante el embarazo y por lo tanto, se alejan emocionalmente de la pareja produciendo un alejamiento emocional." Por otra parte, el hombre suele tener más responsabilidades. Javier Figueroa, casado, además culpa a las responsabilidades de la vida diaria. "A veces hasta es difícil vernos."

Además, hay un cansancio natural frente a las nuevas responsabilidades y vivencias. Y ni hablemos de lo confuso que es tener que asumir que ya no sólo se es hombre y mujer, sino también papá y mamá.

Sin embargo, a pesar de las nuevas circunstancias, sí se puede revivir la emoción de los primeros momentos juntos. Según la terapeuta, hay que planear citas con la pareja y tener en mente algo esencial: el afrodisíaco más importante es nuestra mente, nuestra imaginación y nuestra creatividad. "Ahí esta el secreto de una buena vida sexual," explica Silvina Belmonte.

Elizabeth Figueroa, la esposa de Javier, cuida la relación de pareja buscando momentos para estar juntos. "Nosotros para liberarnos de la presión diaria cuando llegamos a casa nos bañamos, vemos televisión e incluso cocinamos juntos."

Y cuando las cosas no andan bien, las parejas que han logrado mantenerse juntas saben cuál es la clave. Luis Huerta sigue enamorado de su esposa después de veintiocho años de casados. ¿Su consejo? "Mi primer consejo para aquellas parejas que tengan problemas o que están empezando a tener problemas es que busquen el porqué. Todo tiene un porqué y casi siempre el porqué es falta de respeto, falta de comunicación, falta de detalles," dice.

Tampoco hay que olvidar el espacio esencial de la pareja. Para la sicóloga Belmonte es clave "sacar al bebé y sacar todo aquello que no tiene que ver con el dormitorio conyugal y preparar el lugar para el romance con perfumes e inciensos." Aun cuando no tengas tiempo de hacer tantos preparativos, sí notarás una gran diferencia si no se ven pañales ni biberones cerca de tu cama.

El esfuerzo extra vale la pena. "En el caso mío y de mi señora nuestra pasión cada día se acrecienta más puesto que yo cada día me enamoro más de ella," dice Luis Huerta mirando a su esposa Ada.

CONSEJOS PARA REENCONTRARTE CON TU ESPOSA DESPUÉS DEL PARTO

Es muy posible que el papá quiera retomar los momentos de pasión antes que la nueva mamá. Eso es normal. Pero no te desesperes, papá, tenemos varios consejos para que ella también te desee tanto como tú a ella:

- Sé cariñoso con ella. No se trata de abalanzarte sobre ella y empezar con la rutina amorosa de antes. Bésala con suavidad, ráscale la espalda, acaríciala tiernamente. No trates de ir directo al grano porque le puede producir un cierto rechazo que no puede controlar.

- Demuéstrale que la encuentras atractiva. Muchas mujeres rehuyen el contacto sexual después de la cuarentena porque se sienten feas o gordas. Si ella siente que la encuentras sexy, vas a ayudarla a perder las inhibiciones.

- Ten paciencia. Apenas el ginecólogo dé el visto bueno, físicamente tu mujer puede tener relaciones, pero quizás emocionalmente le falta un poco para asimilar los cambios. No le recrimines la falta de deseo… a menos que tu hijo ya haya cumplido un año. En ese caso, conversen lo que está sucediendo y busquen la ayuda de un terapeuta si es necesario.

- Prepárate para el gran momento. Una vez que ambos estén listos para recordar los viejos tiempos, es una buena idea contar con la ayuda de algún lubricante, ya que por los cambios hormonales posparto, la mujer tiende a tener más sequedad. Además, hay veces que a causa de la episiotomía (el corte hecho por el médico en el alumbramiento que luego es suturado), reiniciar la vida sexual después de dar a luz equivale a perder nuevamente la virginidad.

- Tómate las cosas con calma. Puede ser que tu mujer todavía esté adolorida o que esté muy nerviosa. Anda lentamente y si algo le duele, cambia la posición o la intensidad de los movimientos.

- Prepárate sicológicamente de antemano por si tu mujer sale corriendo de la cama si el bebé empieza a llorar. No lo tomes como un rechazo personal ni te pongas celoso de que parezca darle prioridad a tu hijo. Es un instinto natural de protección.

Mucha suerte y ojalá que logren recordar cómo hicieron a ese maravilloso hijo que ahora forma parte de sus vidas y les brinda tantas alegrías.

Evitando Concebir Apenas Has Tenido un Bebé

Y ya que estamos hablando del romance y de lo que los llevó a ser padres, me imagino que con un bebé en casa tienen las manos bastante llenas. Por eso, si no quieren darle un hermanito al recién nacido de inmediato, vean la manera de cuidarse para prevenir un embarazo.

Aunque no lo creas, es posible embarazarte incluso antes de haber tenido una regla normal después del parto. Según el ginecólogo Ramón Flores de Chicago, "la ovulación puede ocurrir en las primeras cuatro a seis semanas después del parto." Hay muchos casos de embarazos sorpresivos, más aún cuando se da de lactar y se abandona la lactancia materna o se cambia la frecuencia de alimentación con pecho.

Además, incluso en los casos de lactancia materna exclusiva hasta los seis meses, pasado ese lapso es recomendable recurrir a algún método de planificación familiar si se desea postergar por un tiempo la llegada de un nuevo bebé.

Algunos métodos que puedes usar:

- Condón
- Dispositivos intrauterinos como Mirena
- La "mini píldora" anticonceptiva con progesterona
- Inyección anticonceptiva como Depo-provera

Si no estás amamantando al bebé, tendrás más opciones entre los anticonceptivos que usan hormonas, ya que no necesitarás preocuparte de los efectos secundarios en tu leche. Por si no lo sabías, el estrógeno que contienen muchas píldoras interfiere con la producción de leche y por eso no se recomienda a las mujeres que dan de lactar.

Lo importante es que existen opciones para que puedas disfrutar de la intimidad con tu pareja sin tener que arriesgarte a vivir otro embarazo antes de recuperarte física y emocionalmente.

Todobebé Resumen:
Cuídate para Cuidar Bien a Tu Familia

Tener un bebé lo cambia todo y hay veces en que no estamos preparados. Pocas veces se les advierte a las nuevas madres que además de la alegría que trae un recién nacido, es normal que luego sientan un poco de pena o tristeza. A algunas, esos momentos de desánimo se les pasan rápidamente, pero hasta quince de cada cien mujeres no logran salir de esa depresión tan fácilmente.

¿No sabes si sólo te sientes triste o estás sufriendo de una depresión posparto? Aquí te damos algunos síntomas de la depresión:

- Ansiedad excesiva sobre la salud del bebé
- Dudas acerca de la capacidad para cuidar del bebé
- Sentimientos suicidas
- Sensación de fatiga, lentitud o agotamiento
- Alteración en los patrones de apetito o sueño
- Incapacidad para disfrutar de actividades que antes te divertían
- Falta de memoria o poca capacidad de concentración

Puede ser difícil darse cuenta de la seriedad de los síntomas, por lo que los expertos recomiendan lo siguiente para quienes recién han dado a luz o han dejando de amamantar a sus bebés:

- Haz una lista con todos los síntomas o sentimientos que crees tener.
- Pregúntale a quienes te rodean (como tu pareja, tu mamá o una amiga) si acaso han notado cambios bruscos de ánimo en ti.
- Lleva la lista al médico y coméntale tu preocupación.

La buena noticia es que la depresión posparto sí tiene tratamiento y no tiene por qué repetirse después en un próximo embarazo. Si crees que tu tristeza o pesar es indicación de algo serio o sientes que no logras controlar tus emociones, por favor acude a un médico lo antes posible para que te refiera a un experto. Hay veces que un siquiatra es el más indicado para ayudarte, ya que te puede recetar medicamentos que te ayudarán a equilibrar tus estados de ánimo. Otras veces, un sicólogo puede ayudarte a superar los difíciles momentos que vives. Eso sí, no te automediques.

Cuándo llamar al médico después del parto

Por otra parte, una vez que regreses a tu casa después de dar a luz, es recomendable que prestes atención a cómo te sientes. Es normal estar cansada, pero cualquiera de estos síntomas merecen atención médica:

- Sangramiento intenso que aumenta cada día, en vez de disminuir
- Fiebre y escalofríos por más de cuatro horas
- Secreciones vaginales malolientes
- Dolor o sensibilidad abdominal severa
- Micciones dolorosas que arden o son excesivamente frecuentes
- Dolor intenso en la zona genital o anal
- Dolor en los pechos, acompañado de calor y enrojecimiento
- Si tuviste cesárea, enrojecimiento y el dolor no disminuye en la zona delos puntos

No ignores a tu cuerpo y llama a tu doctor o enfermera apenas sientas que algo no anda bien.

Otros cambios en tu cuerpo

Durante el embarazo, todo el cuerpo se prepara para ayudar a desarrollar y darle la bienvenida al bebé, pero una vez que das a luz, esas libras o kilos de más sólo parecen estorbar y las mujeres lo único que desearíamos es volver a nuestra silueta de antes lo antes posible.

Trata de comer alimentos lo menos procesados posible, como vegetales, frutas y legumbres, además de ingerir proteína. Sal a caminar con tu bebé o busca una clase de ejercicios aeróbicos donde también tengan servicio de guardería. Lo importante es tener conciencia de cómo mejorar nuestra salud.

Después del parto, el cuerpo de la mujer sufre muchos cambios hormonales y esto a veces implica que se caigan algunos de los cabellos, generalmente en la zona de las sienes. Muchas mujeres lo notan de manera muy evidente cuando sus bebés cumplen cuatro meses de edad.

Por supuesto que encontrarse con manchones blancos en el cuero cabelludo no es nada agradable, pero normalmente no es motivo de consulta médica. Una vez que se regularizan las hormonas y los patrones de nacimiento del cabello, todo vuelve a ser como era antes.

Si se te nota mucho que se te ha caído el pelo después del parto, hay varios consejos para verte bien y no deprimirte mientras te vuelve a crecer:

- Cambia la partidura o "raya" del pelo.
- Pídele a tu peluquero que te corte el pelo con otro estilo al habitual pero evita los cambios drásticos porque te puedes arrepentir.
- Cambia el color de tu cabello.
- Evita mirar el peine después de desenredarte el cabello.
- Trata de no mirarte la cabeza en el espejo después de lavarte el pelo.
- Toma vitaminas y aliméntate bien.

Si para cuando tu bebé ha cumplido los seis o siete meses la situación ha empeorado o no te está creciendo el pelo, consulta con un dermatólogo, para ver si tu alopecia (término médico para la caída del cabello) se debe a otra causa.

Los hombres también deben cuidarse

La salud del papá también es fundamental, pero se suele hablar poco de ella. Los hombres sufren de cansancio e incluso de depresión durante el embarazo de su pareja y en el posparto.

Cualquier síntoma de desánimo prolongado, de ansiedad excesiva o agresividad debe de ser tomado muy en serio y conversado con un experto. Sobre todo para evitar otros problemas que puedan desencadenarse, como adicciones.

Ser pareja además de padres

Mantener viva la pasión a veces parece imposible, especialmente después del parto. Sin embargo, es posible, manteniendo la comunicación con la pareja y cuidando el espacio íntimo. Por ejemplo, es muy importante recuperar el dormitorio para la pareja, quitando de allí las cosas del bebé cuando se intenta recuperar el romance.

Es muy posible que el papá quiera retomar los momentos de pasión antes que la nueva mamá, lo que es normal. Pero no te desesperes, papá, tenemos varios consejos para que ella también te desee tanto como tú a ella:

- Sé cariñoso con ella.
- Demuéstrale que la encuentras atractiva. Si ella siente que la encuentras sexy, vas a ayudarla a perder las inhibiciones.
- Ten paciencia. No le recrimines la falta de deseo.
- Prepárate para el gran momento.
- Tómate las cosas con calma. Puede ser que tu mujer todavía esté adolorida o que esté muy nerviosa.
- Prepárate sicológicamente de antemano por si tu mujer sale corriendo de la cama si el bebé empieza a llorar.

A protegerse si aún no quieren más hijos

Aunque no lo creas, es posible embarazarte incluso antes de haber tenido una regla normal después del parto.

Algunos métodos que puedes usar:

- Condón
- Dispositivos intrauterinos
- La "mini píldora" anticonceptiva con progesterona
- Inyección anticonceptiva

Si no estás amamantando al bebé, tendrás más opciones entre los anticonceptivos que usan hormonas, ya que no necesitarás preocuparte de los efectos secundarios en tu leche. Consulta con tu médico para ver qué te recomienda para que puedas disfrutar de tu vida íntima sin preocupaciones.

seis

Los Sólidos: Cuándo Darle Papillas

En este capítulo: Cómo Empezar—Los Primeros Alimentos—Trucos para Alimentar a un Bebé "Malo" para Comer—¿Es Mejor la Comida Casera o las Papillas Compradas en el Supermercado?—Recetas Sencillas

La leche materna o fórmula láctea es el alimento principal de los infantes durante el primer año de vida, pero en algún momento hay que empezar a enseñarles a comer cereales, vegetales y frutas, para que obtengan algunos nutrientes que no están presentes en la leche materna o en la fórmula láctea. Además, necesitan complementar su alimentación con el hierro que viene en los cereales, algo especialmente importante si has dado de lactar a tu bebé. Finalmente, se introducirán otras comidas que tengan proteínas, como pollo y carne de res.

Pero, ¿cuál es el momento de empezar a variarle el menú a tu bebé? Antes, se comenzaba muy temprano. Por eso no hagas caso a quienes te aconsejan darle papillas a los tres meses de edad. Ahora, los pediatras de la Academia Estadounidense de Pediatría aconsejan esperar hasta los seis meses, luego de revisar investigaciones donde se comprueba que la introducción de alimentos sólidos en la dieta de un bebé menor de esa edad puede predisponerlo a sufrir de diabetes cuando sea grande.

Es más: algunas investigaciones recientes señalan que darle sólidos al bebé demasiado temprano puede hacer que sufra de alergias más adelante en su vida. Por lo tanto, no te apresures.

Ocasionalmente, el médico de tu bebé puede recomendar iniciar la alimentación con sólidos a los cuatro o cinco meses, pero de todas formas debes evaluar si tu pequeñín está listo.

Este bebito de seis meses ya muestra interés en la comida que comen los adultos en la mesa.

Cómo Empezar

Alrededor de los cinco o seis meses de vida (dependiendo de lo que recomiende el pediatra de tu hijo), los bebés pueden empezar a incorporar más alimentos a su dieta, como cereal de arroz para bebés, puré de manzana o diversas papillas. Claro que hay que cuidar que la comida esté bien molida y que no contenga sal ni sodio. Además, es importante que prestes atención para detectar si algún alimento le produce alergia.

Por otra parte, hay muchos alimentos que no se recomiendan antes de que el bebé cumpla un

Una de las primeras comidas sólidas para el bebé puede ser manzana cocida hecha puré.

año, ya que pueden causar reacciones alérgicas. Estos alimentos son la clara de huevo, las fresas, las frambuesas, el pepino, la lechuga, el cacahuate o maní (incluyendo la mantequilla de maní), la leche de vaca (pero el yogurt y el queso requesón o *cottage* se le pueden dar si son aprobados por el pediatra), el pescado, los mariscos, el chocolate, el trigo, los cítricos (incluyendo los jugos de esas frutas), y el tomate.

"Tampoco se recomienda el uso de azúcar, miel, siropes (incluyendo el sirope de maíz) o refrescos gaseosos por su pobre contenido nutricional," aclara la experta en nutrición infantil del Miami Children's Hospital, Cristina Visona. "La miel y los siropes también deben de evitarse ya que pueden causar una intoxicación seria (llamada botulismo) en niños menores de un año."

No te preocupes, eso sí, si tu bebé se demora en aprender a comer. Esto es completamente normal. Al principio incluso pondrá cara de asco y probablemente escupirá la comida, pero poco a poco se irá acostumbrando. Una vez que se sienta bien comiendo, puedes ir cambiando la textura de los alimentos para que aprenda a masticar (si no tiene dientes, eso no es problema porque puede "masticar" con las encías).

Si tienes dudas, por favor consulta con el pediatra, ya que, naturalmente, cada bebé es distinto. Si hay antecedentes alérgicos en tu familia, puede ser que incluso te recomiende esperar un poco más. Sin embargo, no es conveniente postergar mucho el proceso de darle comidas sólidas al bebé más allá de los siete u ocho meses, ya que puede ser que rechace los alimentos.

La Academia Estadounidense de Pediatría recomienda empezar a dar sólidos al sexto mes de vida por considerar que el bebé recibe todos los nutrientes que necesita de la leche materna (o fórmula).

Los Primeros Alimentos

Cuando tu hijo está listo para comer papillas y compotas, ha llegado el momento de tomar una importante decisión: ¿qué alimento darle primero?

Una buena opción es comenzar con el cereal de arroz (mezclado con bastante leche materna o fórmula para que la consistencia sea aguada), ya que casi no provoca alergias y viene reforzado con hierro, algo muy importante, ya que las reservas del bebé se agotan al sexto mes. También es un excelente alimento para empezar ya que es fácilmente digerido. Si es bien tolerado, después se puede ofrecer cereal de avena. Eso sí, al comenzar a dar estos cereales, sobretodo si tu bebé sufre de estreñimiento, asegúrate de ofrecerle suficiente líquido para evitar que el estreñimiento empeore. También recuerda que estos cereales deben darse con cuchara y no dentro del biberón (mamila, mamadera, pacha o tetero).

Cuando el niño pruebe por primera vez la papilla de cereal, probablemente sentirá un sabor desagradable y hará muecas mientras te devuelve el cereal a la

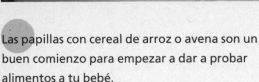
Las papillas con cereal de arroz o avena son un buen comienzo para empezar a dar a probar alimentos a tu bebé.

Los primeros vegetales para el bebé pueden ser fácilmente preparados en casa, como calabaza cocida y luego licuada.

cuchara. Pero no te desanimes, que tan pronto tu bebé se acostumbre a los nuevos sabores de otras comidas, empezará a complementar su dieta.

Después de haber repetido este proceso durante varias semanas, tu bebé empezará a comer más cereal y en la medida que él acepte comer más, debes irle aumentando la porción hasta que se coma ½ taza o hasta 4 cucharadas dos veces al día, señala la experta en nutrición Cristina Visona. Y obviamente antes de darle de comer a tu bebé, asegúrate de que siempre esté bien sentado.

Una vez que has empezado a complementar la dieta de tu bebé con alimentos sólidos, debes recordar que hay que aumentar su consumo de agua entre cada comida. Esto garantizará que tu pequeño elimine todos los desechos de su cuerpo.

Después de que tu pequeño se ha acostumbrado al sabor del cereal, es hora de darle a conocer un nuevo sabor. Prepárale un puré bien aguado de frutas o vegetales y en la medida que te acepte esta nueva papilla, ve aumentándole la cantidad hasta que llegue a comerse ½ taza diaria.

Se aconseja ofrecer primero papillas licuadas de vegetales como calabaza (zapallo amarillo o chayote), zanahorias (es mejor usar las que vienen preparadas ya que las caseras pueden contener altos niveles de nitritos, ver mención aparte más adelante) o camote (batata o boniato). Las arvejas (guisantes o *petit pois*) también son una buena alternativa. Después puedes incorporar frutas como el plátano machacado y el puré de manzana o de peras. Por otra parte, el aguacate (palta) majado con un tenedor y pasado por cedazo es fácil de preparar y muy rico en nutrientes.

Lo importante es darle un solo alimento al mediodía durante un mínimo de tres días, para verificar que tu bebé no tenga una reacción alérgica. En caso de que a tu niño le dé diarrea, se le dificulte la respiración o le salgan granitos en el cuerpo, deja de darle la papilla y consulta con el pediatra. Todos los síntomas mencionados son signo de alergia. Además, revisa las deposiciones del bebé para asegurarte que no sean diferentes a lo usual, ya que la presencia de mucosidad o sangre en el pañal también puede evidenciar alergia a un alimento.

Nunca obligues a comer a tu bebé. Si cierra la boca, mueve la cabeza o se pone a llorar, significa que está satisfecho.

Los jugos

Según la Academia Estadounidense de Pediatría (AAP por sus siglas en inglés), no existe una razón nutricional para darle jugos a infantes menores de seis meses. El peligro está en que el jugo reemplace la leche materna o fórmula láctea en la dieta del niño, lo que reduciría su ingesta de proteína, grasa, vitaminas y diversos minerales que son esenciales para el bebé.

Es más: varias investigaciones relacionan la baja estatura y la malnutrición de los niños con el consumo excesivo de jugos. Y cuando son más grandes, hay estudios que indican que hay más obesidad infantil entre niños que toman mucho jugo, aun cuando sea 100 por ciento de fruta y no se le haya agregado azúcar.

ALIMENTOS PROHIBIDOS
EL PRIMER AÑO

Ya sea por que pueden causar alergias o atragantamientos, no debes darle a tu bebé:

- Maní o cacahuate y nueces en general
- Zanahorias crudas
- Uvas enteras
- Pasas
- Clara de huevo
- Leche de vaca
- Apio
- Fresas o frutillas
- Naranja y otros cítricos (pueden producir irritación en la zona del pañal)
- Soya (excepto fórmula láctea preparada con soya)
- Miel
- Mariscos
- Palomitas de maíz (*popcorn*, cutufas, cabritas o canchita)
- Salchichas o *hot dogs*

Recuerda que el apetito de tu niño puede variar y algunas veces te rechazará la comida. Te darás cuenta de esto cuando él empiece a mover su cabeza lejos de la cuchara y mantenga sus labios bien cerrados. En ese caso, no lo obligues a comer.

¡Alimentos prohibidos durante el primer año del bebé! Pueden causar reacciones alérgicas o ser peligrosos por riesgo de asfixia.

De siete a nueve meses

Alrededor de los siete meses la mayoría de los bebés están listos para consumir jugos, frutas y vegetales. En esta etapa, tu hijo empezará a coger los alimentos con la mano y llevárselos a la boca. Algunos de los alimentos que tu pequeño puede consumir son: bananos (plátanos o cambur) rebanados, puré de vegetales, cereal sin azúcar, puré de vegetales, galletas de soda y tostadas.

De diez a doce meses

Entre los diez y doce meses tu pequeño tendrá de cuatro a seis dientes y podrá masticar algunos alimentos, por lo que es recomendable que la consistencia de los mismos sea más gruesa y menos licuada de manera progresiva. Los alimentos que puede consumir en este momento son: vegetales cocinados y frutas en pequeños pedazos, carnes o sustitutos de la carne (yema de huevo) también en pequeños pedazos, galletas de soda, tostadas, cereales sin azúcar, alimentos a base de trigo (panes suaves y pastas), arroz, queso requesón o *cottage*, y otra infinidad de comidas suaves que puedan ser trituradas por sus dientes y encías.

La mayoría de los niños a esta edad

Esta bebita de 9 meses disfruta comiendo, ella sola, alimentos fáciles de digerir como pastas muy blandas.

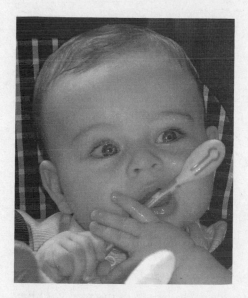

Los juegos con la cuchara muestran un deseo de independencia.

consume un promedio de tres comidas diarias, son más independientes y quieren sujetar la cuchara por ellos mismos o agarrar la taza con las dos manos para tomar alguna bebida.

Cuando cumpla un año tu bebé podrá consumir entre 16 a 20 onzas de leche (de vaca o soya, si es alérgico) al día y sus derivados enriquecidos en grasas. Recuerda que en esta etapa los niños pueden y deben consumir grasas porque ellas los ayudarán en su desarrollo y crecimiento. En la próxima página te damos a conocer el cuadro alimenticio para bebés de acuerdo a las edades.

Pero no todos los alimentos son saludables para tu pequeño; a continuación te daremos una lista de los alimentos que no deben ser consumidos por tu bebé:

- Miel: el polen le podría causar alergias. Además su contenido de esporas puede causar una intoxicación seria.
- Almíbar (jarabe, sirope) de maíz: su contenido puede ser dañino para tu bebé e incluso intoxicarlo.
- Carne de cerdo: puede producir alergias y este tipo de carne tiene grasas sobresaturadas.
- Comidas congeladas o refrigeradas: este tipo de comidas que consigues en los supermercados tiene poco valor nutritivo y no es saludable para tu bebé.

Antes de decidir qué tipo de comidas le puedes dar a tu bebé, primero habla con el pediatra para que te ayude a seleccionar de la manera más acertada la dieta de tu hijo.

Cuidados a la hora de alimentar al bebé

Para muchos padres, la hora de la comida se convierte en toda una hazaña cuando los bebés empiezan a crecer. Los niños se mueven mucho y a veces parecen estar más interesados en jugar con los alimentos que ingerirlos. Esto es normal y no hay que preocuparse ni convertir la alimentación del niño en una batalla.

Para cuidar a tu bebé mientras le das de comer, tenemos varias sugerencias de

CUADRO ALIMENTICIO

Meses	Tipos de comidas	Tamaño de las porciones
4–6 Meses	Alimentos con hierro / cereales de grano mezclados con leche materna, fórmula o agua.	1 a 4 cucharadas dos veces al día
6 Meses	Frutas y vegetales licuados al 100 por ciento	Desde una cucharada hasta completar una taza
7–9 Meses	Leguminosas: frijoles (porotos), lentejas, garbanzos, guisantes (arvejas), pasadas por cedazo, jugos sin azúcar añadida.	Desde una cucharada hasta completar media taza
9–12 Meses	Carnes de aves (pollo y pavo) y de res; Yogurt; Comidas cortadas en cuadritos chicos (los niños tratan de alimentarse por sí mismos). Fideos (salvo que sea alérgico a la harina). Yema de huevo (excepto si hay antecedentes alérgicos).	Una cucharada, hasta llegar a una porción del tamaño del puño del bebé
12 Meses	Incorporación gradual de las comidas caseras en trozos pequeños (salvo aquellos mencionados en la lista de alimentos prohibidos) y leche de vaca alta en grasas. Clara de huevo si no es alérgico.	

la Asociación de Fabricantes de Productos Juveniles de los Estados Unidos (conocida por sus siglas en inglés como JPMA).

- Antes de servirle la comida al bebé prueba todos los alimentos para verificar que estén a una temperatura agradable.
- La comida del bebé se puede calentar en un horno microondas siempre y cuando chequees la temperatura cuidadosamente. Utiliza siempre un plato especial para microondas y revuelve los alimentos desde el centro hacia afuera después de calentarlos, para asegurarte de que la temperatura sea uniforme en todo el plato.
- Cuando el bebé comience a ingerir comidas sólidas, no le des alimentos duros y pequeños ya que se puede atragantar.
- Recuerda, el bebé siempre debe comer y tomar bebidas sentado en posición recta.
- Evita apoyar el biberón (mamila, mamadera, pacha o tetero) sobre el bebé.

Además, una vez que utilices una silla para darle de comer a tu hijo/hija, debes tomar en cuenta otras recomendaciones:

- Las sillas altas para comer que son seguras tienen una correa para ajustar alrededor de la cintura y entre las piernas del bebé. Es muy importante amarrar a tu bebé porque eso evitará que se caiga.
- Nunca te confíes únicamente de la bandeja de comida para sujetar o proteger al bebé. Siempre asegura las correas primero.
- Mantén la silla para comer lejos de la pared, mesa o cualquier otra superficie con la cual el bebé pueda empujarse.
- No dejes que el bebé se pare en la silla porque se puede volcar.
- Si la silla es plegable, asegúrate de cerrar el cerrojo de seguridad cada vez que la armes.
- Inspecciona siempre todas las partes de la silla para evitar que tenga puntas con filo u otras partes sobresalientes.

todobebé

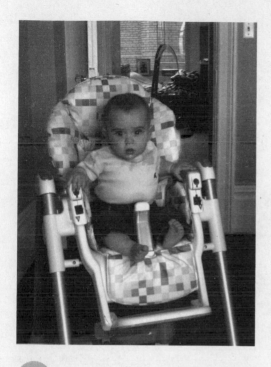

Nunca dejes a tu bebé sin la bandeja de su silla de comer.

Si tu bebé no quiere comer, no lo obligues. Espera un rato, déjalo jugar y vuelve a intentarlo. En general, cuando los niños empiezan a caminar, pierden interés en la comida porque sienten que se pierden de explorar el mundo y si perciben que te pones muy nerviosa, pueden manipular la situación de la comida.

Trucos para Alimentar a un Bebé "Malo" para Comer

Para muchos padres, la hora de alimentar a sus bebés puede ser una verdadera pesadilla. Especialmente cuando tu hijo no acepta bocado alguno o escupe todos las papillas que le das. Si el viejo truco del avioncito ya no te resulta, lee los trucos que a continuación te damos.

Disimula tu impaciencia

Lo primero es no desesperarse. Es más fácil decirlo que practicarlo, pero si tu hijo percibe que estás nerviosa(o), se va alterar también y la tarea de alimentarlo se hará más difícil todavía. Es más, puede convertirse en la primera pugna de poder entre tu pequeñín y tú.

Segundo, hay que encontrar la manera de divertir al bebé mientras se le da de comer. Aparte del ya nombrado "método del avión," hay varias maneras de distraer a tu niño. Una muy efectiva es usar un títere para darle de comer. Lo mejor es usar uno en forma de guante, como los que se usan a la hora de bañar al bebé, ya que se puede lavar fácilmente. Si no tienes un títere, puedes hacer uno con un calcetín viejo (las medias deportivas largas son muy buenas). Usa botones de colores para los ojos y lana o cinta para decorar la "cabeza" del títere.

Puede ser buena idea jugar con una marioneta mientras se le da de comer al bebé.

Hay veces en que la distracción hay que realizarla de otra manera. Por ejemplo, puedes cambiar el envase o recipiente de la comida. Tu bebé puede ahora sorprenderte y decidirse a aceptar la comida que minutos antes rechazaba.

Cuando empieces a darle colados o papillas con cuchara, lo más probable es que le llame mucho la atención el nuevo objeto que le estás metiendo en la boca. Eso a veces puede ser bueno, pero otras, se convierte en una mini batalla por sujetar la cucharita. Soluciona el problema comprando otra cuchara idéntica para que el bebé juegue con ella mientras lo alimentas. Eso me funcionó de maravillas con mi hijo, quien desde pequeño deseaba hacer todo "solito." Claro que debo confesar que en parte era porque le causaba mucha gracia botar la cuchara al suelo y esperar a que la recogiera y lavara antes de devolvérsela.

Cuando hay sabores que al niño no le gustan

Pasemos ahora a los problemas relacionados con comidas que tu bebé detesta, pero que necesita comer. Por ejemplo, un puré de guisantes (arvejas o *petit pois*). Si tu hijo hace puchero o cierra la boca firmemente, antes de resignarte, prueba este truco: mete la cuchara en el alimento que no le gusta y luego "baña" la cuchara con una comida que sí le guste (como el puré de melocotones, por ejemplo). Seguramente tú jamás te comerías semejante combinación, pero muchos bebés aceptan de esa forma comidas que antes no tragaban por nada del mundo. Eso sí, antes de mezclar dos alimentos, debes de haberlos probado individualmente para descartar que tenga alergia a uno de ellos.

Otro truco es darle en la mañana, antes que cualquier otro alimento, una cucharada de la comida que tu bebé detesta. Hay estudios que indican que al cabo de diez días, el niño se acostumbra a comer los alimentos que en un principio no le gustaron.

El que persevera, triunfa

Eso nos lleva a nuestro último consejo: sé perseverante. Cuando quieras comenzar nuevos sabores en la dieta de tu hijo, ten paciencia si los rechaza. Espera un par de días y vuelve a intentarlo. Hay veces que es necesario intentar hasta quince veces antes de que un niño acepte un nuevo alimento. No lo regañes. Es normal. Y hay veces en que los bebés rechazan una cierta comida porque les produce malestar o alergia. Ten paciencia y busca distintas alternativas para asegurarte que tenga una alimentación variada y equilibrada.

¿Es Mejor la Comida Casera o las Papillas Compradas en el Supermercado?

En nuestra cultura, tradicionalmente nos gusta prepararle fresco todo a nuestra familia. Sin embargo, no siempre se puede cuando tenemos tantas obligaciones y responsabilidades. Por eso surge el debate de si vale la pena esforzarse por cocinarle todo a nuestro bebé en casa.

Nutricionalmente hablando, preparar una papilla casera a tu bebé te ofrece la garantía de que sabes exactamente qué ingredientes se han utilizado y en qué proporción. Por otra parte, puedes economizar bastante dinero ya que con pocos vegetales puedes hacer muchas porciones que puedes congelar para más adelante.

La comida para bebés que se vende en el comercio es buena también (además de práctica), pero debes fijarte en que:

- No contenga azúcar ni edulcorantes
- Tenga un alto contenido calórico (significa que tiene más alimentos como materia prima y menos agua o rellenos)
- No contenga preservativos
- El contenido de sodio sea bajo

Y algo muy importante: sirve la comida en un plato aparte. Si le das la papilla directo del frasco y el bebé no se

Hay varias opciones de comida preparada para bebés que consigues en el supermercado.

la termina, deberías botar a la basura lo que sobró por razones de higiene. En cambio si sirves un poco y guardas las sobras en el frasco en la refrigeradora, puedes volver a ofrecer la compota o papilla al bebé al día siguiente. Eso sí, deshazte de cualquier sobra luego de cuarenta y ocho horas.

Cuidado con los nitritos

Hay una instancia en la que recomendamos darle papillas preparadas industrialmente a los bebés cuando son menores de ocho meses y deseamos darles zanahorias, espinaca, remolacha (betarraga) o brócoli. ¿La razón? Existen unas sustancias químicas que se llaman nitritos.

Probablemente nunca habías oído hablar de ellos. Yo tampoco hasta que me estaba preparando para darle papillas a mi bebé. Los nitritos son unos componentes químicos que están presentes en el agua, las verduras, los animales y la naturaleza en general. Todos los días estamos expuestos a ellos. Sin embargo, los bebés pequeños carecen de ciertas enzimas para procesarlos de la manera adecuada.

¿El peligro? Cuando el nitrito entra en el flujo sanguíneo, se produce una reacción en el cuerpo que reduce la capacidad de la sangre para transportar el oxígeno. El nivel de oxígeno disminuye, y los bebés muestran síntomas de una enfermedad llamada metahemoglobinemia, también conocida como "la enfermedad de los bebés azules," ya que la piel se vuelve de ese color (sobretodo en la zona de los ojos y la boca). Hasta puede llegar a asfixiar al niño. Es raro que ocurra, pero el riesgo es real.

Interesante, dirás, pero ¿qué tiene que ver esa enfermedad con las zanahorias, espinacas, brécol y coliflor? Bueno, esos vegetales tienden a absorber más nitritos que otros y los niveles de este componente tienden a subir cuando se refrigeran las verduras por más de dos días. Por lo tanto, cuando preparas una papilla en casa, hay más probabilidades de que la comida que hiciste con tanta dedicación, tenga altos niveles de estos químicos. Y si tu hijo es menor de ocho meses, estará expuesto a envenenarse de a poco con los nitritos.

Como es casi imposible saber si las verduras están contaminadas, en nuestra opinión es mejor prevenir que lamentar. Los alimentos preparados industrialmente suelen eliminar la contaminación por nitritos. Por eso cuando tienes un bebé chiquito, es preferible no correr riesgos y darle esos vegetales en papillas que se venden en el supermercado.

¡Cuidado con los nitritos! Te recomendamos no preparar estos alimentos en casa para tu bebé menor de un año.

TODOBEBÉ TIPS: PRECAUCIONES AL PREPARAR LA COMIDA CASERA

Si preparas comida para el bebé en casa, debes tomar ciertas precauciones:

- Cuida especialmente la higiene de las superficies y utensilios que usas para cocinar.
- La textura al comienzo debe ser muy aguada y licuada para que el bebé no se atragante.
- Si es necesario, utiliza un cedazo o colador para que la papilla esté bien suave.
- No agregues azúcar a las compotas.
- La comida durará máximo dos días en la refrigeradora. Antes de ese plazo puedes congelar la papilla que haya sobrado.
- Si congelas la comida en un recipiente de vidrio, ten cuidado al

descongelarla, ya que el vidrio puede quebrarse y los trozos caerían en el alimento del bebé.

- Hasta que el bebé cumpla ocho meses evita preparar en casa puré de zanahorias, remolacha (betarraga), coliflor, brécol (brócoli) o espinacas, ya que podrían contener altos niveles de nitritos, sustancias químicas que podrían impedir que tu hijo se oxigene bien cuando es muy pequeño.

Recetas Sencillas

RECETA PARA BEBÉS MAYORES DE SEIS MESES: PURÉ DE FRUTA FRESCA   *Recomendada para: Bebés mayores de seis meses*

INGREDIENTES:

1 pera madura o manzana (o una combinación de ambas frutas)
1 cucharada de agua, leche materna o fórmula láctea

PREPARACIÓN:

Pelar la fruta. Quitar las semillas. Luego cortar en rodajas y colocar en una pequeña olla con el agua. Tapar y dejar a fuego medio durante diez minutos hasta que esté suave. Colocar todo en la licuadora, incluyendo la leche (ya sea materna o de fórmula) y hacer un puré de fruta. Con una cuchara colocar en un recipiente y dejar enfriar. Se puede refrigerar hasta por 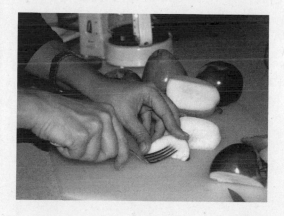 veinticuatro horas o congelar usando un molde de cubos de hielo. Una vez que se congela el puré de fruta, se saca del molde y se guardan los cubos en una bolsa plástica bien sellada. También se puede congelar el sobrante en envases plásticos con tapa. Es importante asegurarse de no usarlos después de dos meses. Sugerencia: colocar una etiqueta autoadhesiva con la fecha y descripción en la bolsa para no olvidarse de lo que es.

RECETA PARA BEBÉS MAYORES DE SEIS MESES: PAPILLA DE CAMOTE (BATATA)
Recomendada para: Bebés mayores de seis meses

INGREDIENTES:

1 camote (boniato o batata)
Opcional:
2 cucharadas de fórmula láctea o leche materna
¼ cucharadita de mantequilla o aceite de canola
Cereal de bebé a gusto (de arroz o avena)

PREPARACIÓN:

Limpiar con una escobilla la cáscara del camote o batata y perforar con un tenedor varias veces. Meter al horno durante cincuenta minutos (o hasta que esté blando) a 400 grados Fahrenheit o 205 grados Celsius. Dejar enfriar y sacar la pulpa. Botar la cáscara. Si está con hilachas la batata, pasar por colador para que el bebé no se vaya a atorar.

Colocar la pulpa del camote en una licuadora y agregar la leche si el puré está muy grueso. Si se desea, también se puede agregar la mantequilla o aceite y el cereal. Revolver la mezcla hasta que la papilla tenga una textura suave y luego servir. También se puede refrigerar o congelar en recipientes sellados.

RECETA PARA BEBÉS MAYORES DE SEIS MESES: PAPILLA DE VERDURAS

Recomendada para: Bebés mayores de seis meses

INGREDIENTES:

1 taza de camote (batata o boniato), papás, guisantes (arvejas o *petit pois*),
calabaza o calabacines (zapallitos italianos o zucchini)
Agua según sea necesaria (hervida si el agua potable no es muy limpia)
Envases plásticos que se puedan tapar

PREPARACIÓN:

Hervir las verduras hasta que estén blandas. Reservar una taza del agua en que cociste los vegetales. Colocar los vegetales hervidos en la licuadora o procesador de alimentos (como Cuisinart o Moulinex), agregar dos cucharadas del agua (hacerlo cuando ya no esté hirviendo) y hacer un puré. Agregar más agua, según sea necesario para que las verduras se muevan con facilidad dentro de la licuadora. Entre más chico sea el bebé, más agua debe tener la papilla para que le sea fácil ingerirla.

Cuando el bebé haya probado los distintos vegetales por separado y estés segura de que no tiene alergia a alguno de ellos, puedes mezclar distintas verduras.

Se puede congelar lo que sobre en recipientes plásticos con tapa, como Tupperwares o envases de margarina (limpiados debidamente). Esto debe hacerse apenas se termine de cocinar, para evitar que la comida del bebé se contamine. Es aconsejable colocar una etiqueta para saber qué se congeló y cuándo.

NOTA: Es muy importante NO agregarle sal ni condimentos a los alimentos para el bebé.

RECETA PARA BEBÉS MAYORES DE SEIS MESES: PAPILLA DE MANZANA Y CAMOTE

Recomendada para: Bebés mayores de seis meses

INGREDIENTES:

1 camote (batata o boniato) mediano pelado

1 manzana mediana pelada (preferiblemente roja)

3 onzas de leche materna o formula láctea; se puede sustituir por agua hervida.

PREPARACIÓN:

Pelar y cortar en trozos pequeños el camote (boniato) y la manzana. Hervir hasta que estén blandos pero no exagerar la cocción. Mezclar con la leche materna o fórmula usando un tenedor para que quede suave la consistencia.

Todobebé Resumen:
Lo que Necesitas Saber al Darle Sólidos a Tu Bebé

La leche materna o la fórmula láctea son el alimento principal de los infantes durante el primer año de vida, pero en algún momento hay que empezar a enseñarles a comer vegetales y frutas, para que obtengan algunos nutrientes que no están presentes en la leche.

¿Quieres saber si tu bebé está listo para comer alimentos sólidos?

Aquí tienes las señales:

- Ya tiene por lo menos cuatro meses
- Dobló su peso de nacimiento
- Es capaz de mantener su cabeza erguida
- Ya puede llevarse objetos a la boca, como un juguete

todobebé

- Logra mantener la comida en la boca sin escupirla ni sacarla con la lengua
- Al ofrecerle comida en una cuchara, la acepta y no se atraganta
- Demuestra curiosidad cuando te ve comer
- Se queda con hambre y quiere tomar más leche de lo habitual
- Es capaz de sentarse

Alimentos prohibidos el primer año

Ya sea por que pueden causar alergias o atragantamientos, no debes darle a tu bebé:

- Maní o cacahuate y nueces en general
- Zanahorias crudas
- Uvas enteras
- Pasas
- Clara de huevo
- Leche de vaca
- Apio
- Fresas o frutillas
- Naranja y otros cítricos (pueden producir irritación en la zona del pañal)
- Soya (excepto fórmula láctea preparada con soya)
- Miel
- Mariscos
- Palomitas de maíz (*popcorn,* cutufas, cabritas o canchita)
- Salchichas o *hot dogs*

Para cuidar a tu bebé mientras le das de comer, tenemos varias sugerencias de la Asociación de Fabricantes de Productos Juveniles de los Estados Unidos (conocida por sus siglas en inglés como JPMA).

- Prueba todas los alimentos para verificar que estén a una temperatura agradable.

- La comida del bebé se puede calentar en un homo microondas siempre y cuando chequees la temperatura cuidadosamente.
- No le des alimentos duros y pequeños ya que se puede atragantar.
- Recuerda, el bebé siempre debe comer y tomar bebidas en una posición recta, sentado.
- Evita apoyar el biberón (mamila, mamadera, pacha o tetero) sobre el bebé.

Además, una vez que utilices una silla para darle de comer a tu hijo/hija, debes tomar en cuenta otras recomendaciones:

- Las sillas altas para comer que son seguras tienen una correa para ajustar alrededor de la cintura y entre las piernas del bebé.
- Siempre debes amarrar al bebé en la silla.
- Nunca te confíes de la bandeja de comida para sujetar o proteger al bebé. Siempre asegura las correas primero.
- Mantén la silla para comer lejos de la pared, mesa o cualquier otra superficie con la cual el bebé pueda empujarse.
- No dejes que el bebé se pare en la silla.
- Si la silla es plegable, asegúrate de cerrar el cerrojo de seguridad.
- Inspecciona siempre todas las partes de la silla.

Trucos para alimentar a un bebé "malo" para comer

Si tu pequeñín no come, prueba estos consejos:

- No te desesperes ni pierdas la paciencia.
- Usa un títere para distraerlo y poder darle de comer.
- Cambia el envase o recipiente de la comida.
- Compra una cuchara idéntica a la que usas para alimentar a tu hijo para que el bebé juegue con ella mientras lo alimentas.

- Mete la cuchara en el alimento que no le gusta y luego "baña" la cuchara con una comida que sí le guste (como el puré de melocotones, por ejemplo).
- Dale en la mañana, antes que cualquier otro alimento, una cucharada de la comida que tu bebé detesta.
- Sé perseverante. Hay veces que es necesario intentar hasta quince veces antes de que un niño acepte un nuevo alimento.

Consejos al comprar papillas en el supermercado

La comida para bebés que se vende en el comercio puede ser muy conveniente, pero debes fijarte en que:

- No contenga azúcar ni edulcorantes
- Tenga un alto contenido calórico (significa que tiene más alimentos como materia prima y menos agua o rellenos)
- No contenga preservativos
- El contenido de sodio sea bajo

Cuidado con los nitritos

Hay una instancia en la que recomendamos darle papillas preparadas industrialmente a los bebés cuando son menores de ocho meses y deseamos darles zanahorias, espinaca, remolacha (betarraga) o brócoli. ¿La razón? Existen unas sustancias químicas que se llaman nitritos que cuando entran en el flujo sanguíneo del niño, producen una reacción en el cuerpo que reduce la capacidad de la sangre para transportar el oxígeno. El nivel de oxígeno disminuye, y los bebés muestran síntomas de una enfermedad llamada metahemoglobinemia, también conocida como "la enfermedad de los bebés azules," ya que la piel se pone de ese color (sobretodo en la zona de los ojos y la boca). Puede hasta asfixiar al niño. Es raro que ocurra, pero el riesgo es real.

TODOBEBÉ TIPS: PRECAUCIONES AL PREPARAR LA COMIDA CASERA
Si preparas comida para el bebé en casa, debes tomar ciertas precauciones:

- Cuida la higiene de las superficies y utensilios que usas para cocinar.
- La textura al comienzo debe ser muy aguada y licuada.
- Si es necesario, utiliza un cedazo o colador para que la papilla esté bien suave.
- No agregues azúcar a las compotas.
- La comida durará máximo dos días en la refrigeradora.
- Si congelas la comida en un recipiente de vidrio, ten cuidado al descongelarla, ya que puede quebrarse el vidrio y los trozos caerían en el alimento del bebé.
- Hasta que el bebé cumpla ocho meses evita preparar en casa puré de zanahorias, remolacha (betarraga), coliflor, brécol (brócoli) o espinacas, ya que podrían contener altos niveles de nitritos.

¡Buen provecho!

siete

El Sueño del Bebé

En este capítulo: La Importancia de Crear una Rutina—Cómo Ayudar a que Tu Bebé Distinga la Noche del Día—Dejar Llorar al Bebé para que Aprenda a Dormirse, ¿Funciona?—Cuando Ir al Médico— Qué Hacer si la Cabecita del Bebé Se Aplana

Todos los padres añoran poder dormir toda la noche, como lo hacían antes de la llegada de su pequeño angelito. Sin embargo, durante los primeros meses ese sueño se vuelve casi imposible. La mayoría de las veces el problema no es que tu bebé no duerma, sino que no lo hace cuando tú quisieras.

Un recién nacido dormirá la mayor parte del tiempo (en general de dieciséis a veinte horas diarias), pero en ratos de una a cuatro horas. A los tres meses, muchos bebés ya duermen cinco horas o más de manera continua en la noche (y un total de quince horas al día), pero como saben millones de padres, a veces eso no ocurre sino hasta más adelante. A los cinco o seis meses, tu bebé debería dormir toda la noche o despertarse de vez en cuando. Lo importante es que vuelva a quedarse dormido sin la ayuda de papá o mamá.

La Importancia de Crear una Rutina

Para que se duerma solito y se pueda volver a dormir cuando se despierte en la noche, es esencial crear buenos hábitos desde que tu hijo es un recién nacido. Aunque mucha gente odia la palabra "rutina" creeme que se puede convertir en tu mejor amiga a la hora de enseñarle a tu bebé cómo conciliar el sueño. No se trata tanto de tener un horario fijo e inflexible, sino más bien de un orden predecible a la hora de preparar al niño para que duerma. De esa manera tu bebé sabe qué esperar y eso lo hace sentir seguro. Claro que establecer una hora fija también lo ayudará a regular sus ciclos de vigilia y sueño ya que el cuerpo se va "programando."

La rutina puede consistir en bañar a tu hijo, luego darle un masaje suave y alimentarlo. Eso sí, evita que se duerma mientras le das el pecho o su biberón, ya que es un mal hábito que te irá complicando cada vez más la hora de acostarlo. Si prefieres bañar a tu bebé en la mañana, puedes iniciar la rutina de la noche con un cuento, aun cuando tu chiquitín tenga sólo días de nacido.

También es importante crear el ambiente adecuado con una temperatura agradable y sin mucha luz. "Hay muchos bebés que se despiertan en la madrugada por las condiciones de la habitación donde duermen," explica la consultora de lactancia Vivian Owen. "Hay veces que es una habitación muy iluminada y quizás el niño no se siente cómodo."

Cuando el bebé va creciendo, entran en juego otros factores. "Es muy importante la alimentación de un niño, particularmente después de que comienza a caminar; ya que son meses de desarrollo en que el niño consume muchas calorías al día," explica Vivian Owen. Sin embargo, ya a esa edad los niños no necesitan ser alimentados en la noche, lo que no implica que dejen de pedirlo. Ileana Antúnez lo sabe muy bien porque su hija Cristina "aún se despierta de madrugada pidiendo su biberón. Nosotros se lo damos y ella se vuelve a dormir, pero quisiéramos que ella superara esa etapa."

Su deseo es posible de lograr pero hay que ser perseverantes. Luego de tener dos hijos, comparto la opinión de los expertos en cuanto a que se pueden corregir los problemas de sueño instaurando nuevas rutinas y manteniéndose firmes (pero teniendo en cuenta que debemos ser flexibles cuando nuestro bebé se enferma). Claro que todo niño es diferente y lo que funciona con uno, quizás no es lo mejor para otro. "Con un niño todo es tratar para ver si funciona," resume Vivian Owen.

En general, para que tu bebé aprenda buenos hábitos desde el principio:

- Evita acostarlo dormido; mejor hazlo cuando haya bostezado un par de veces y se muestra cansado para que se acostumbre a dormir solo. A veces el mejor momento es cuando el bebé tiene la mirada hacia el infinito.
- Usa el chupete sólo para calmarlo, pero no dejes que se duerma con él. Si no, cada vez que se le caiga, llorará y tendrás que ponérselo de nuevo.
- Coloca al bebé para dormir en el lugar donde se despertará, así evitarás que se sobresalte cuando abra los ojos.
- Si llora, acude a calmarlo pero trata de mantenerlo en su cuna.
- Si meces a tu bebé para relajarlo, no dejes que se duerma en tus brazos porque si lo haces, tendrá un sueño más ligero y lo más probable es que cuando lo pongas en su cuna, se despertará.
- En la noche, evita hablarle o estimularlo cuando lo alimentas o le cambias el pañal. Tu bebé necesita aprender que la noche es para dormir y no para jugar.

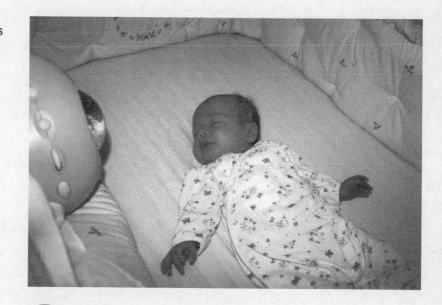

Para evitar el síndrome de la muerte de cuna, es importante poner a tu bebé a dormir sobre su espalda, salvo que el pediatra diga lo contrario por alguna condición médica.

¿DEBO DESPERTAR A MI BEBÉ?

Hay bebés que pueden pasar horas durmiendo y que no se despiertan para tomar su leche. Si tu hijo es un recién nacido, pasan cuatro horas y no le has dado de lactar o su biberón, es recomendable despertarlo para alimentarlo.

Eso sí, recuerda hacerlo suavemente para que no llore. Por ejemplo, puedes acariciarle los pies, encender la luz de la habitación o frotarle la barbilla. Luego intenta darle la mamadera o acercarlo al pecho para que tome su leche.

Cuando ya esté más grande, lo puedes dejar dormir un poco más, pero siempre consulta con el pediatra para ver si tu bebé está bien alimentado y asegurarte que tiene un peso normal.

Si después de seis semanas tienes la suerte de que tu bebé duerme más de cinco horas, está aumentando de peso a un ritmo normal y no tiene una condición médica que requiera alimentarlo seguido, ni se te ocurra despertarlo… y prepárate para sentir la envidia de los padres que no tienen tu misma suerte.

Cómo Ayudar a que Tu Bebé Distinga la Noche del Día

Una de las claves para que tu bebé duerma bien en la noche después de los seis meses es enseñarle a distinguir las horas del día de las de la noche. "Alrededor de los tres meses los bebés empiezan a dormir mejor, pero su reloj biológico sólo les va a permitir establecer la diferencia entre el día y la noche hacia los seis meses," explica la psicóloga Edith Peisach, experta en estimulación temprana y trastornos de aprendizaje.

Te ofrecemos algunos consejos para facilitarle el aprendizaje a tu pequeñín en caso de mostrarse confundido. Si tu hijo ya tiene buenos hábitos, no es necesario cambiar lo que estás haciendo.

Sin embargo, si tu chiquilín suele despertarse a las horas más insólitas lleno de energía y exigiendo diversión, lo más importante es que de alguna manera lo hagas darse cuenta de que hay momentos para jugar, momentos para hacer siesta y otros para dormir en la noche.

La sicóloga Edith Peisach recuerda que "hay niños que se despiertan frecuentemente en la noche. Es importante descartar que tengan calor, frío, sed o hambre." Los padres además deben revisar el entorno del bebé. "También puede darse el caso de niños muy activos que se mueven demasiado y se despiertan al tropezarse con el protector de la cuna o porque pierden su chupo o las cobijas que tienen a su lado," explica.

Para distinguir el día de la noche:

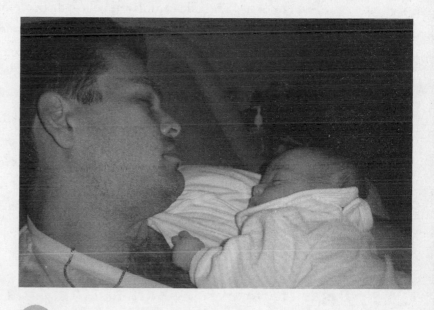

Durante las primeras semanas, el bebé se levantará muy seguido en las noches, lo que es agotador para los padres.

- Coloca a tu bebé en un coche (carriola) o portabebés cuando le toca la siesta diurna.
- Durante el día, tapa al bebé con una colcha distinta a la que usas en la noche, de manera holgada.
- Permítele a tu hijo dormir una siesta de dos horas durante el día y luego despiértalo. Ten paciencia y espera a que esté bien despierto antes de darle de comer o de empezar a jugar con él.
- Usa la cuna sólo para acostar al bebé en la noche. De esa manera, el niño asociará su cuna con la rutina de la noche.

- Cuando tu bebé se despierte en la noche, no debes encender la luz. Usa preferiblemente una luz nocturna en la habitación del bebé (de esas que usan los niños más grandes para no temerle a la oscuridad) o instala un regulador de luz que permita iluminar al mínimo el cuarto en la noche. Trata de cambiar al bebé o de darle su biberón de la manera más calmada y callada posible, para evitar sobre estimularlo.
- Al acostar al bebé, si hace frío, envuélvelo en una manta o colcha como si fuera un tamal, para así crear una diferencia con la siesta.

Una vez que el horario de tu bebé se normalice, prueba que haga la siesta en su cuna, para evitar que sólo haga su siesta en el coche o portabebés.

Es muy importante recordar que lo normal es que los recién nacidos no duerman de corrido toda la noche. Los psicólogos tampoco recomiendan que antes de los seis meses se deje llorar a un niño por la noche, aunque es un tema polémico.

Dejar Llorar al Bebé para que Aprenda a Dormirse, ¿Funciona?

Si pasan los días, las semanas, los meses y tu bebé sigue despertándose y llorando, quizás desees intentar métodos más drásticos, como el del Dr. Richard Ferber, director del Centro de Trastornos Pediátricos del Sueño en el hospital de niños de Boston. Muchos padres aseguran que dejar llorar al bebé es muy efectivo. En España, el Dr. Eduard Estivil ha popularizado un método similar aunque utiliza intervalos más cortos. Sin embargo, ten en cuenta que algunos padres dicen que no aguantan dejar llorar a su bebé y que este método es traumatizante tanto para los padres como para los hijos. La decisión es tuya y de tu pareja.

"La mayoría de los expertos hoy en día te dirán que el método del Dr. Ferber es eficiente y no tiene consecuencias negativas a largo plazo para los niños," dice la doctora en psicología Helena Duch. "Pero lo que es sí es cierto es que este método

¿SE DEBE COMPARTIR LA CAMA?

Quizás te preguntes si acaso dormir con tu bebé en la misma cama les permitirá a ambos conciliar mejor el sueño. Este es un tema extremadamente polémico, ya que aunque es algo considerado normal en algunas culturas, en otras se critica sobretodo por la falta de privacidad para la pareja y porque no le enseña al niño a ser independiente. Es más: la Academia Estadounidense de Pediatría no lo recomienda e incluso dice que puede ser peligroso para el bebé.

Mientras tanto, otros opinan que no ven nada de malo en ello y destacan que la madre descansa más y que el bebé es amamantado más seguido cuando ambos comparten el lecho.

Si decides que eso es lo que deseas hacer, por favor toma ciertas precauciones para proteger a tu bebé:

- No duermas con tu hijo si has tomado un medicamento que causa somnolencia
- No bebas alcohol ni uses drogas, especialmente si compartirás el lecho con tu chiquito
- Para evitar la muerte súbita infantil, coloca al bebé sobre su espalda
- Revisa que su cabecita esté descubierta
- No uses ropa de cama mullida como almohadas y edredones
- Revisa que no haya separaciones entre el colchón y el marco de la cama, para que tu bebé no vaya a verse atrapado

Para que lo tengas en mente, la Comisión para la Seguridad de Productos de Consumo de los Estados Unidos (CPSC) ha recibido más de un centenar de informes de muertes de niños menores de dos años relacionadas con camas de adultos. Casi todos los niños (el 98 por ciento) eran bebés menores de un año de edad.

no es para todo el mundo." Existen muchas alternativas que se deben evaluar de acuerdo al temperamento del niño y de los padres, para no traspasarle ansiedad al chiquito. "Así que creo que es importante que los papás sepan las opciones que tienen, que las hablen con el pediatra si pueden y que decidan conjuntamente (papá-mamá o compañeros) qué es lo que va a funcionar mejor para ellos," aconseja Helena Duch. "Si deciden utilizar el método Ferber, les recomendaría que usaran el libro e intentaran seguirlo fielmente," señala.

Según el Dr. Ferber, existe un método progresivo para que los niños aprendan a quedarse dormidos sin la ayuda de un adulto. Cada vez que el bebé se despierta o llora, los padres deben esperar unos minutos antes de entrar al dormitorio del infante para ver si está bien. Lo importante es que estén entre dos o tres minutos en la habitación, lo calmen, pero eviten cargar al bebé, mecerlo o alimentarlo. "La idea detrás del método es que es importante para los niños aprender a regular sus ciclos vitales y aprender a calmarse. Creo que esto es algo positivo," señala la psicóloga Duch.

El sistema también se puede aplicar a la hora de la siesta. Sin embargo, si el niño sigue despierto después de una hora, se debe desistir de tratar de hacerlo dormir la siesta. El Dr. Ferber ha insistido que su método no indica que hay que desatender al niño, sino que se trata de enseñarle a conciliar el sueño de manera autónoma. Además, recientemente aclaró que sus recomendaciones no funcionan para todos los niños y al momento de publicar nuestro libro, adelantó que próximamente editará una versión actualizada de su método.

Cuando Ir al Médico

A veces hay niños que tienen problemas médicos que justifican sus problemas a la hora de conciliar el sueño. Por ejemplo, pueden tener irritaciones en la piel que les producen picazón. O los bebés con asma tienen dificultades para respirar. En estos casos, los padres deben consultar al pediatra, para asegurarse de que el niño está bien y averiguar cómo enfrentar los problemas que tiene para quedarse dormido.

EL MÉTODO FERBER

Día	Minutos que debes dejar llorar al bebé	Si sigue llorando, antes de ir una segunda vez, esperar	Si sigue llorando, antes de ir una tercera vez, esperar	Si sigue llorando antes de ir una antes de ir más veces, esperar
1	5	10	15	15
2	10	15	20	20
3	15	20	25	25
4	20	25	30	30
5	25	30	35	35
6	30	35	40	40
7	35	40	45	45

Adaptado del libro Cómo Evitar el Insomnio Infantil *(título original:* Solve Your Child's Sleep Problems*) por Richard Ferber, M.D. Traducción al espanol © 1995 por Simon & Schuster, Inc. y Aguilar, Altea, Taurus, Alfaguara, S.A. de C.V.*

A veces cambiar algún medicamento es la solución. Otras veces, se trata de diagnosticar alguna alergia o enfermedad.

Además, "si los niños no se acostumbran al método durante un tiempo o si los padres observan alguna conducta que parece extraña durante el sueño, sería importante que contactaran a su pediatra," recomienda la psicóloga Duch. "Los trastornos del sueño pueden aparecer temprano e incluir enfermedades como la apnea infantil que puede interferir con la habilidad del niño para dormir."

Lo más importante es no perder la paciencia e insistir con las rutinas. Que tu bebé duerma toda la noche no sólo es un sueño, sino que puede ser una realidad. Cualquier pregunta, consulta al pediatra, ya que puede darte sugerencias muy útiles, dada la frecuencia de los trastornos del sueño en los bebés.

EVITA LA MUERTE SÚBITA O DE CUNA

Aunque en muchos países de Latinoamérica los padres siguen colocando a sus bebés boca abajo, la Academia Estadounidense de Pediatría (AAP por sus siglas en inglés) dice que para evitar la muerte súbita (SIDS en inglés), los infantes deben dormir boca arriba. Contrario a lo que se piensa, los lactantes no se ahogan si botan o devuelven un poco de leche. Sin embargo, si al bebé se le ha diagnosticado reflujo, el pediatra puede aconsejar que el niño duerma de medio lado.

La AAP aconseja que el bebé duerma cerca de los padres pero no en la misma cama, para evitar sofocar al infante. Además, hay que evitar otra costumbre: arropar demasiado al bebé. No sólo es incómodo para los pequeños, sino que puede ser un factor muchas veces ignorado que incide en la ocurrencia del síndrome de muerte súbita infantil. Se cree que sudar demasiado, mantener la temperatura am-

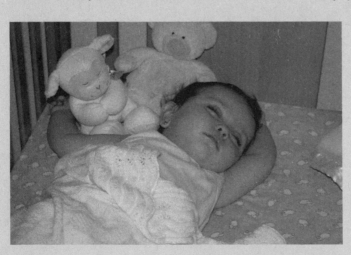

Retira muñecos de peluche, almohadas, cobijas pesadas y todo objeto que pueda sofocar a tu bebé mientras duerme.

biental muy elevada, sufrir de una infección con fiebre y un exceso de ropa a la hora de dormir pueden producir estrés por calor en el infante.

Por lo tanto, aparte de acostar a tu bebé sobre su espalda, puedes evitar el síndrome de muerte súbita cuidando la temperatura de su habitación, que no sea ni muy fría ni muy calurosa. Por otra parte, no expongas a tu pequeñín al humo del cigarrillo, pues aumenta su riesgo de sufrir de este misterioso mal. Y para evitar que se ahogue, nunca dejes que duerma con almohadas, cojines o edredones en la cuna. Recientemente, los pediatras estadoundenses incluso están recomendando el uso del chupete porque hay investigaciones que indican que los bebés que lo utilizan son menos propensos a dejar de respirar por la noche.

En EE.UU. la campaña para que los bebés duerman de espalda ha sido exitosa (se ha reducido hasta en un 40 por ciento la tasa de muerte súbita), pero ha traído otra consecuencia indeseable: se calcula que hasta el 48 por ciento de los bebés sufren en algún grado de plagiocefalia o cabeza plana. Por eso los pediatras que pertenecen a la AAP aconsejan a los padres que cada noche coloquen la cabeza del niño mirando a un lado distinto (alternando el lado izquierdo con el derecho).

Asimismo, piden no abusar de las sillas para el automóvil (que muchos padres usan para que el infante se duerma), ya que la posición hace la misma presión sobre el cráneo que cuando el niño duerme de espalda. Es decir, recomiendan usar la silla para el automóvil cuando el niño va en el carro, pero sacarlo de allí cuando no se viaja en el auto. Todas estas recomendaciones aparecieron en la revista especializada *Pediatrics.*

Los pediatras consultados por Todobebé, aconsejan que cuando el niño esté despierto, se lo coloque boca abajo, para que se acostumbre a una posición distinta. Al principio puede ser que el bebé se enoje, pero poco a poco se irá acostumbrando. Incluso se pueden colocar juguetes a su alcance o una almohada o cojín de lactancia que lo apoye en la zona del estómago (si se usa algún soporte, nunca dejes al niño sin supervisar). También recomiendan cambiar la orientación de la cuna de vez en cuando, para así estimular al niño a que mire hacia otros puntos de referencia.

Qué Hacer si la Cabecita del Bebé Se Aplana

Si tu bebé ha desarrollado plagiocefalia, el pediatra puede recomendarte ciertos cambios en la posición del bebé a la hora de dormir o durante el día. Otra opción es buscar la ayuda de un terapeuta ocupacional o kinesiólogo para que te muestre qué ejercicios hacer con el niño para fortalecer otras áreas del cuerpo y ayudar a que la cabeza recupere su forma inicial. Por ejemplo, hay ciertos ejercicios para el cuello que se pueden hacer cada vez que se le cambia el pañal al bebé. Se calcula que en dos o tres meses ya se ven resultados.

Sólo cuando hay una deformidad severa se recurre a una especie de casco que moldea el cráneo y cuando eso falla, el último recurso es la cirugía, que sólo se practica en casos extremos, generalmente después de que el niño ha cumplido un año y no se ha podido corregir la deformidad.

Utilizando un casco especial por varios meses se mejora el problema de cabeza plana notablemente.

Otra advertencia más: la plagiocefalia no debe confundirse con otra condición médica que sí requiere de cirugía. Se trata de la craneosinostosis, que hace que los huesos del cráneo se fusionen prematuramente. Lo mejor en caso de dudas es consultar al pediatra si percibes alguna deformación en la cabecita de tu bebé.

Todobebé Resumen: Consejos para que Tu Bebé Duerma

Aunque hay bebés que desde un principio aprenden a dormir solitos, la gran mayoría necesita ir aprendiendo a conciliar el sueño. No pretendas que durante las primeras semanas tu chiquito duerma toda la noche de corrido, ya que los expertos señalan que el bebé recién a los tres meses puede dejar de alimentarse en la madrugada.

Hay muchas teorías y métodos para lograr que el niño aprenda buenos hábitos desde que nace, pero lo más importante es crear una rutina y ser perseverantes. Aquí tienes otros consejos:

- Evita acostarlo dormido; mejor hazlo cuando se muestra cansado.
- Usa el chupete sólo para calmarlo, pero no dejes que se duerma con él.
- Coloca al bebé para dormir en el lugar donde despertará.
- Si llora, acude a calmarlo pero trata de mantenerlo en su cuna.
- Si meces a tu bebé para relajarlo, no dejes que se duerma en tus brazos.
- En la noche, evita hablarle o estimularlo cuando lo alimentas o le cambias el pañal.

Dentro de las teorías, la del Dr. Ferber es muy polémica, pero para muchos padres es muy eficiente. La idea es que los niños aprendan a quedarse dormidos sin la ayuda de un adulto. Cada vez que el bebé se despierta o llora, los padres deben esperar unos minutos antes de entrar al dormitorio del infante para ver si está bien. Lo importante es que estén entre dos a tres minutos en la habitación, lo calmen, pero eviten cargar al bebé, mecerlo o alimentarlo. Si decides aplicar sus consejos, los expertos recomiendan que leas el libro y sigas al pie de la letra las instrucciones.

Como es sólo una de las alternativas que tienes a la hora de enseñarle a dormir a tu bebé, evalúa si dejar llorar a tu chiquito es algo que podrás hacer. También medita si crees que funcionará con el temperamento de tu hijo. Consulta al pediatra si observas una conducta extraña.

Por otra parte, es muy importante la seguridad de tu bebé a la hora de dormir. La AAP aconseja que el bebé duerma cerca de los padres pero no en la misma cama, para evitar sofocar al infante. Además, hay que evitar otra costumbre: arropar demasiado al bebé. No sólo es incómodo para los pequeños, sino que puede ser un factor muchas veces ignorado que incide en la ocurrencia del síndrome de muerte súbita infantil.

Para evitar este síndrome:

- Coloca a tu bebé sobre su espalda a la hora de dormir.
- Procura que la temperatura del cuarto no sea ni muy fría ni muy calurosa.
- No expongas a tu pequeñín al humo del cigarillo.
- Nunca dejes que duerma con almohadas, cojines o edredones en la cuna.
- Dale un chupete a tu bebé, salvo que lo rechace.

¡Ojalá que pronto todos en tu casa tengan dulces sueños!

todobebé

ocho

Seguridad ante Todo

En este capítulo: Cómo Preparar Tu Casa—Protege a Tu Bebé con Ropa de Cama Segura—Cuidados a la Hora de Darle de Comer—Seguridad en el Automóvil

Llegamos a un capítulo muy importante porque aunque a todos nos preocupa el tema de la seguridad, pocos sabemos qué hacer en concreto para proteger a nuestro pequeñín de los peligros que hay en la casa y en la calle.

Cómo Preparar Tu Casa

Hasta que no tienes un bebé, lo más probable es que ni te hayas dado cuenta de la cantidad de peligros que esconde un hogar común y corriente. Seamos sinceros, ¿cuántas veces te has puesto a gatear por el piso de tu casa? Salvo que tengas otros niños, lo más probable es que nunca lo hayas hecho.

Sin embargo, es justamente eso lo que tienes que hacer si deseas preparar tu hogar para disminuir los riesgos para tu bebé. Tienes que ver todo desde el punto de vista del niño. Sólo así podrás evaluar cuáles son las zonas de mayor peligro y cuidar mejor a tu bebé.

¿Cuándo empezar a cambiar las cosas de lugar, a poner rejas y protectores en las esquinas de los muebles? Según los expertos en seguridad, lo mejor es hacerlo antes de que el bebé empiece a gatear y caminar. Así le impedirás el acceso a lugares peligrosos y el niño se acostumbrará desde chiquito a ni siquiera entrar a ellos.

Puedes limitar el acceso a las escaleras utilizando puertas o rejas de seguridad arriba y abajo.

Lo primero es revisar minuciosamente cada rincón de tu hogar. Aquello que más te llame la atención por sus colores o ubicación, de seguro también le interesará a tu bebé. Apunta de inmediato cada cosa que sea peligrosa, como las escaleras, las mesas con puntas, los cables sueltos, los enchufes y los muebles con cajones. Dale prioridad a los baños y la cocina, ya que suelen ser las áreas más peligrosas.

Para que tengas una idea, debes proteger a tu bebé de:

- Enchufes: para impedir que tu niño meta los dedos en ellos, compra protectores especiales.
- Artículos de limpieza y medicamentos: para bloquear el acceso de tu pequeñín, colócalos fuera de su alcance, preferiblemente en un gabinete que tenga algún tipo de seguro (tú mismo puedes instalar un cerrojo o un sistema de seguridad a base de imanes).
- Escaleras: lo mejor es instalar rejas para evitar que tu bebé ruede por las ellas.
- Mesas puntiagudas: cubre las puntas que sobresalen con protectores especiales.
- Muebles que se pueden voltear si el niño se apoya en ellos: la recomendación es sujetar el mueble a la pared.

- Cajones o gavetas: existen seguros que se instalan fácilmente para impedir que el bebé abra los cajones.
- Excusados o inodoros: el agua atrae a los niños y si a tu bebé se le ocurre jugar en el inodoro, podría caerse y ahogarse. Y ni

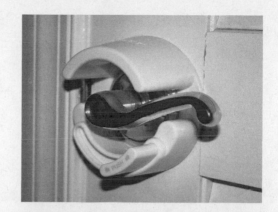

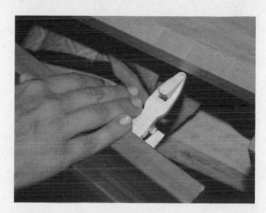

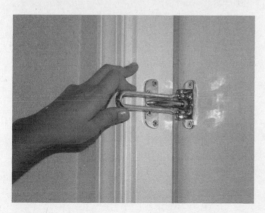

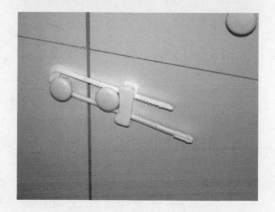

Puedes proteger a tu bebé usando seguros en las puertas y cubiertas especiales para los enchufes

hablemos de lo poco higiénico que resultaría un suceso así. La solución es instalar un candado en el inodoro o un seguro que un adulto puede abrir con facilidad en la puerta del baño.

- Cordeles de persianas y cortinas: para evitar una tragedia, puedes acortar los cordeles o usar un aparato que venden en el comercio para dejarlos fuera del alcance de los niños.

Asimismo, ten cuidado con cubetas y bañeras. Un bebé se puede ahogar con muy poca agua, así que siempre procura vaciar todo recipiente que contenga agua. Y si tienes una piscina o alberca o si vives cerca de un lago, debes impedir el paso de tu niño preferiblemente con una reja. Pero estos no son los únicos peligros para tu chiquilín. Te explicamos cuáles otros debes prevenir.

CONSEJOS PARA EVITAR ENVENENAMIENTOS EN LOS NIÑOS

1. Mantén todos los productos químicos y medicinas bajo llave y fuera del alcance y de la vista de los niños.
2. Usa frascos que los niños no puedan abrir y asegúrate de cerrar firmemente los mismos después de usarlos o utiliza medicinas empaquetadas con una sola (conocidas en inglés como *blister cards),* las cuales no necesitan volverse a cerrar.
3. En caso de envenenamiento, llama inmediatamente en EE.UU. al 1-800-222-1222.
4. Cuando estés usando productos químicos de uso doméstico o remedios, nunca pierdas de vista a los niños pequeños, aunque tengas que llevártelos contigo cuando vayas a contestar el teléfono o a atender un llamado a la puerta.

todobebé

Protege a Tu Bebé con Ropa de Cama Segura

Tal como mencionamos en el capítulo anterior, no se puede descuidar la seguridad a la hora de dormir ya que los bebés pueden sofocarse con gran facilidad. Para evitar el síndrome de muerte súbita, además de colocar a tu bebé sobre su espalda, hay que cuidar el recinto donde duerme el bebé. Para que la ropa de cama no sea un peligro para los más chiquitos de la casa, necesitas tener en mente ciertas precauciones básicas.

De acuerdo a la Asociación de Fabricantes de Productos Juveniles de los Estados Unidos (JPMA), existen varias normas básicas que pueden proteger a tu hijo/hija. Por ejemplo, la ropa de cama siempre debe de ser utilizada siguiendo las instrucciones del fabricante para garantizar la seguridad del bebé. Además, la JPMA recomienda lo siguiente:

5. Mantén los productos en sus envases originales.
6. Deja las etiquetas originales en todos los productos y lee la etiqueta antes de usarlos.
7. No pongas velas o lámparas de aceite en lugares donde los niños puedan alcanzarlas, ya que este aceite puede ser muy tóxico si es ingerido por niños pequeños.
8. Siempre deja la luz encendida cuando estés tomando o administrando medicinas y revisa la dosis en cada ocasión.
9. Evita tomar medicamentos frente a los niños y refiérete a ellos con los nombres apropiados. Las medicinas son "medicinas," no "dulces."
10. Limpia periódicamente tu gabinete de medicamentos o botiquín y desecha cuidadosamente los remedios viejos o que ya no necesites.

- Las criaturas siempre deben de ser acostadas en un colchón firme dentro de una cuna que cumpla con las normas de seguridad requeridas (por ejemplo, los barrotes no deben de tener una separación entre sí mayor a 2 pulgadas con ⅜).
- Los bebés saludables deben de ser acostados boca arriba para prevenir la muerte de cuna, tal como lo hemos mencionado en otros capítulos.
- Los bebés nunca deben de ser acostados en superficies suaves como almohadas, cojines de sofá, camas de adultos u otras superficies que no hayan sido diseñadas específicamente para ellos, ya que podrían correr el riesgo de ahogarse.
- Utiliza solamente sábanas para la cuna, fundas y/o forros impermeables para colchones. No uses sábanas de adultos, ya que se pueden soltar y el niño podría enredarse en ellas.
- Elige protectores de cuna (*bumper pads* en inglés) que rodeen toda la cuna y amárralos firmemente. Revisa que no haya cintas o huinchas largas que accidentalmente puedan enredarse en el bebé o ahorcarlo.
- La colcha, sábana o edredón (manta, plumón o frazada) debe colocarse sobre el bebé dormido, nunca debajo de él. Hay médicos que incluso recomiendan no usar cobija alguna en los primeros meses, sino ropa un poco más abrigada a la hora de acostar al niño.
- No abrigues demasiado al bebé. La temperatura de la habitación debe ser agradable. El calor excesivo también se relaciona con la muerte súbita.
- Para prevenir que el bebé mastique las tiras del protector de la cuna, y para evitar que se enrede y se estrangule con ellas, recorta el material sobrante luego de amarrarlas.
- Utiliza los protectores para la cuna sólo hasta que el niño o la niña pueda pararse. En ese punto debes quitarlos para evitar que el bebé pueda montarse sobre ellos y salirse de la cuna.
- Los móviles también deben quitarse una vez que el bebé se pueda parar.
- Las almohadas y los juguetes de felpa solamente deben ser utilizados como decoración. Asegúrate de quitarlos cuando el bebé esté dentro de la cuna.

- Si el bebé es alérgico, no deben haber muñecos de peluche en la habitación, ya que suelen llenarse de polvo.

Poner en práctica estos consejos pueden ahorrarte más de una tragedia. Además, así todos podrán dormir más tranquilos.

Cuidados a la Hora de Darle de Comer

Para muchos padres, la hora de la comida se convierte en toda una hazaña cuando los bebés empiezan a crecer. Los niños se mueven mucho y a veces parecen estar más interesados en jugar con los alimentos que ingerirlos. Esto es normal y no hay que preocuparse ni convertir la alimentación del niño en una batalla. Asimismo, no hay que descuidar la seguridad.

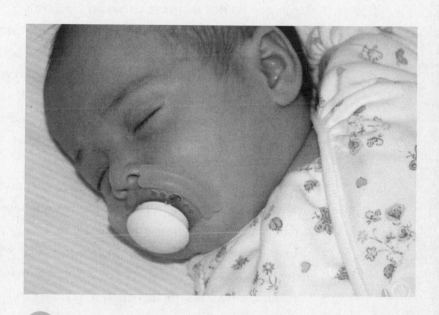

Pon a tu hijo a dormir boca arriba y siempre sobre sábanas que tengan un ajuste perfecto.

TODOBEBÉ TIPS: CUIDADOS A LA HORA DE ALIMENTAR AL BEBÉ
- Antes de servirle la comida al bebé prueba todas los alimentos para verificar que estén a una temperatura agradable.
- La comida del bebé se puede calentar en un horno microondas siempre y

cuando revises la temperatura cuidadosamente. Utiliza siempre un plato especial para microondas y revuelve los alimentos desde el centro hacia afuera después de calentarlos, para asegurarte de que la temperatura sea uniforme en todo el plato.

- Cuando el bebé comience a ingerir comidas sólidas, no le des alimentos duros y pequeños ya que se puede atragantar.
- Recuerda, el bebé siempre debe comer y tomar bebidas en una posición recta.
- Evita apoyar el biberón (mamadera o tetero) sobre el bebé.

Además, una vez que utilices una silla para darle de comer a tu hijo/hija, debes tomar en cuenta otras recomendaciones:

- Las sillas altas para comer que son seguras tienen una correa para ajustar alrededor de la cintura y entre las piernas del bebé. Es muy importante amarrar a tu bebé porque eso evitará que se caiga.
- Nunca te confíes únicamente de la bandeja de comida para sujetar o proteger al bebé. Siempre asegura las correas primero.
- Mantén la silla alta lejos de la pared, mesa o cualquier otra superficie con la cual el bebé pueda empujarse.
- No dejes que el bebé se pare en la silla especial porque se puede volcar.
- Si la silla es plegable, asegúrate de cerrar el cerrojo de seguridad cada vez que la armes.
- Inspecciona siempre todas las partes de la silla para evitar que tenga puntas con filo u otras partes sobresalientes.

Seguridad en el Automóvil

Si sueles transportarte en automóvil, ya te habrás enterado que por ley en los Estados Unidos los bebés deben de ir en una silla especial. Probablemente tú mismo has instalado la silla de seguridad, pero ¡cuidado! El peligro es que la mayoría de las veces, el asiento está mal instalado y no ha sido revisado por expertos. Un estudio reciente de la Administración Nacional de Seguridad del Tráfico en las Carreteras de los Estados Unidos (NHTSA, por sus siglas en inglés) señaló que cerca del 73 por ciento de los sistemas de seguridad automovilísticos para niños son usados incorrectamente, exponiendo a los chiquilines innecesariamente a una lesión o a algo peor.

Como en la mayoría de los países latinoamericanos el uso de estas sillas especiales o hasta de los cinturones de seguridad no es obligatorio, muchos hispanos se preguntan si es verdaderamente necesario llevar al bebé en el asiento de atrás en

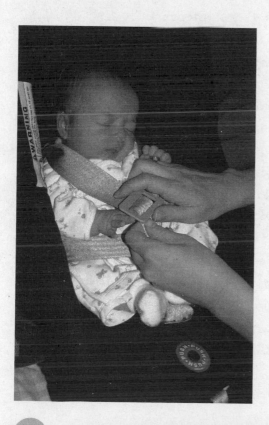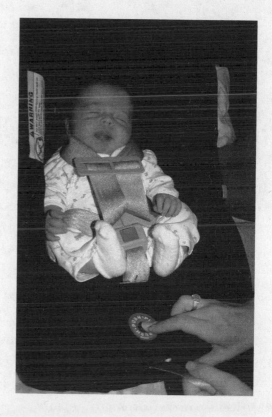

Cada vez que montes a tu bebito en su silla del carro, debes ajustar el clip al igual que asegurar bien el cinturón.

su silla especial. Muchos incluso ni usan el cinturón de seguridad de adultos para sí mismos, lo que los hace más vulnerables de sufrir lesiones graves a causa de un accidente de tránsito. Los abuelos por su parte recuerdan cuando ellos llevaban a sus hijos en brazos y muchas veces no entienden que se requiera de más precauciones en la actualidad.

Definitivamente, es necesario para proteger a tu pequeñín un asiento especial. "Hay que prevenir que los niños se vayan a lesionar, incluso a morir en un accidente de coche, si no van bien amarrados," explica la experta en seguridad Gayane Stepanian.

"¿Cuáles son los errores más frecuentes al usar las sillas infantiles para el auto? Son muchos. Por ejemplo, los clips superiores deben quedar al nivel de las axilas del bebé." Si el clip está sobre el estómago, el niño se puede pegar con ellos y puede sufrir lesiones en sus órganos internos," explica Gayane Stepanian.

"También es importante que queden bien asegurados, que el cinturón no vaya suelto porque en caso de accidente el niño puede salirse de su asiento y pegarse contra el techo del coche," señala la experta del Injury Free Coalition for Kids.

En las estaciones de policía y hospitales puedes solicitar una inspección para la silla de tu bebé.

Hay otro error que puede ser grave. Cuando se usa en los primeros meses una silla especial para infantes que se saca del carro (*infant carrier* en inglés), el asa de la silla siempre debe bajarse en el automóvil. Muchos padres la dejan arriba. No lo hagas porque tu bebé puede pegarse contra ella y morir instantáneamente.

Ten en mente también que diferentes edades tienen diferentes necesidades. Durante el primer año, el asiento del bebé debe ir mirando hacia atrás. Si lo colocas hacia delante, las consecuencias pueden ser fatales. "En caso de un accidente su cuello va hacia delante, incluso su cuello se puede quebrar," señala Stepanian.

Cuando tu hijo ya pesa 20 libras ó 9 kilos y ha cumplido un año, puede ir en una silla que mire hacia adelante.

Y algo muy importante: no uses sábanas ni mantas dentro de la silla y no cuelgues juguetes de ella. En caso de un accidente, podrían herir o sofocar a tu pequeñín.

CONSEJOS PARA ELEGIR UN COCHE O CARRIOLA

Los coches son una forma segura y fácil de transportar a tu bebé. Con todos los modelos distintos que existen en el mercado, la decisión de cuál es el apropiado puede ser abrumadora. Primero, debes decidir si es que necesitas un coche individual, que sólo lleva a un niño, o un coche doble o triple para más niños. Luego evalúa si lo usarás en aceras, calles o caminos de tierra. Después, piensa si necesitas que se doble rápidamente para subirlo a un autobús o si te cabrá en la maletera o cajuela de tu auto. Partiendo de ahí, puedes encontrar el que se ajuste a tu estilo de vida.

Tipos

Livianos: Los coches de paseo livianos pesan menos de 15 libras (6.8 kg), se doblan fácilmente y son muy compactos, ideales para llevar a todas partes. La mayoría tiene un marco de aluminio, que los hace livianos, durables y fáciles de transportar. Aunque algunos coches livianos ofrecen una reclinación total, la mayoría sólo se reclina parcialmente, por lo que no son apropiados para los recién nacidos. Los coches livianos tampoco ofrecen la comodidad de los coches individuales comunes. Muchos padres encuentran que son más útiles para tareas rápidas y viajes que para salir a dar paseos largos.

(continúa)

Individual: El coche individual típico pesa entre 13 y 30 libras (6 y 13 kilos), con un promedio de unas 15 libras (6.8 kg). Los coches individuales son firmes y cómodos. Por lo general tienen mejores telas con relleno para que el bebé esté confortable, y los asientos se reclinan en tres o cuatro posiciones distintas. En algunos coches, la altura del asidero es reversible para que también sirva de carruaje. Los coches tipo carruaje son coches individuales en los que el bebé va acostado y mirando al conductor. También tienen ruedas grandes que son más suaves al andar. Sin embargo, no son tan cómodos para transportar como los otros coches. La mayoría de los coches individuales generalmente tienen un toldo o capota grande que sirve para proteger al niño del sol.

Paraguas o tipo bastón: Los coches paraguas obtienen su nombre por el diseño de sus manillas, que son parecidas a las de un paraguas. También tienen un marco durable y al mismo tiempo liviano, de aluminio, y algunos coches paraguas pueden llegar a pesar solamente 5 libras (2.2 kilos). Son ideales para viajar y se doblan rápidamente y en forma compacta para pasar cómodamente por los pasillos de los aviones o de los auto buses. Sin embargo, estos coches generalmente no se reclinan y no son recomendables para recién nacidos. Usa un coche paraguas una vez que tu bebé ya pueda sentarse solo, alrededor de los seis meses.

Doble: Diseñados para dos niños, el coche doble facilita el traslado de ambos niños cómodamente. Existen dos tipos distintos, el "uno-tras-otro" y el "lado-a-lado." Los del tipo "uno-tras-otro," donde un niño se sienta detrás del otro, generalmente tienen asientos más profundos que son mejores para los infantes. Su diseño angosto permite que pasen a través de áreas más pequeñas, tales como los pasillos de las tiendas. Los coches "lado-a-lado" permiten que los niños disfruten de la compañía mutua mientras van sentados. La mayoría pasa a través de los marcos de las puertas pero en ocasiones pueden ser más difíciles de maniobrar que los coches donde va un niño detrás del otro. Antes de decidir qué tipo comprarás, pruébalos en la tienda, preferiblemente con tus hijos sentados en ellos para que veas cuál es más fácil de empujar.

Sistemas de viaje: Un coche con sistema de viaje es una combinación de coche con silla de automóvil. El sistema incluye una silla para bebés que puede ser ajustada al coche mientras tu niño es un recién nacido. Esto le permite a los padres trasladar a los bebés de un vehículo a un coche de paseo rápidamente y con facilidad, sin necesidad de sacarlo de la silla del automóvil. Los bebés se sientan mirando al conductor del coche en la mayoría de los sistemas de viaje, pero existen algunos modelos que permiten al bebé ir mirando en ambas direcciones. La mayoría de los sistemas de viaje son compactos para ser guardados con facilidad y para que sean transportables. Cuando tu bebé ya es demasiado grande para seguir usando la silla del automóvil para infantes, puede seguir usando el coche de paseo.

Elementos a considerar al comprar diferentes modelos:

Toldo o capota: La mayoría de los coches incluyen un toldo para proteger al niño del sol o el viento. Algunos pueden ser ajustados en una o más posiciones e incluso se pueden quitar. Otros tienen una malla transparente o una ventana plástica en la parte superior para permitirte ver a tu niño mientras pasean, algo muy útil cuando tienes un recién nacido.

Marco: Los coches están hechos de plástico, acero o aluminio. Los marcos de plástico y de aluminio son más livianos; sin embargo el acero es más durable.

Arnés de seguridad: Todos los coches tienen arneses de tres o cinco puntos para mantener a tu niño seguro en el asiento. Un arnés de cinco puntos es el mejor pues incluye un broche en el pecho, que es lo más seguro para tu bebé.

Reclinación: Un coche que incluye una posición totalmente reclinada es apropiado para los recién nacidos que aún no pueden sostener sus cabezas y que necesitan estar en una posición acostada. Usa la posición completamente sen-

(continúa)

tada una vez que tu bebé sea capaz de sostener su cabeza por sí mismo. Si compras un coche que no se reclina completamente, lo comenzarás a usar cuando tu bebé tenga cuatro meses.

Almacenamiento: Algunos coches incluyen un canasto para guardar cosas debajo del asiento o un bolsillo de malla detrás de la silla para poder colocar las cosas del bebé y/o una bolsa de pañales. Entre más grande sea el espacio, y mejor sea el acceso, más cómodo será para ti.

La decisión es muy importante porque la carriola o coche de paseo te debe durar muchos años. La mayoría de los modelos en el mercado pueden usarse hasta que el niño cumpla tres o incluso cuatro años, dependiendo de su peso.

TODOBEBÉ TIPS: CONSEJOS PARA QUE TU BEBÉ ESTÉ SEGURO EN SU COCHE DE PASEO O CARRIOLA

Quizás más que salir en auto, te gusta pasear a tu bebé en su coche o carriola. También debes tomar ciertas medidas de seguridad para proteger a tu hijo:

- No coloques demasiadas cosas en el cochecito del bebé, ya sea en la canasta o usando los mangos, porque el peso podría voltearlo.
- Usa el cinturón de seguridad o el arnés para sujetar al niño e impedir que se resbale.
- Asegúrate que el mecanismo que fija el marco del coche esté enganchado apropiadamente para evitar que se cierre.
- Utiliza el freno cuando termines de pasear al bebé.
- No uses la carriola con un niño más pesado del límite de peso que indica el fabricante y no pongas más niños en el coche de los que permite el diseño.
- Mantén al niño lejos del coche cuando lo estés doblando y desdoblando para evitar que se lastime los deditos.

- Nunca uses una almohada, colcha, edredón o sábana doblados a manera de colchón en un coche o en un cargador de bebé. Podrían hacer que el bebé se sofoque, especialmente si es un recién nacido.
- Envía al fabricante la tarjeta de garantía del coche para ser notificado en caso de que lo retiren del mercado.

Y un último consejo: no dejes a tu bebé fuera de la vista de un adulto cuando esté en su coche. Aunque parezca estar seguro en él, hay veces que el cinturón de seguridad no está bien amarrado o el niño ya aprendió a sacárselo y puede caerse del coche.

Más vale prevenir que tener que lamentar.

nueve

Médicos y Otras Preocupaciones Sobre la Salud

En este capítulo: Cómo Aprovechar el Tiempo Con el Pediatra—¿Por Qué Son Tan Importantes las Vacunas?—Cuando Tu Bebé Se Enferma— Cuando No Es un Simple Resfriado—Qué Hacer Si Tu Niño Tiene Fiebre— Las Infecciones de Oídos: Un Mal Demasiado Común—No Abuses de los Antibióticos—Cuidado con la Diarrea—Consejos para Evitar el Estreñimiento—Qué Es la Pañalitis o Irritación en la Zona del Pañal— Hitos del Bebé en Su Primer Año—Cómo Reconocer los Problemas en el Desarrollo de Tu Bebé

Alguien me dijo una vez que cuando tienes un hijo, ya nunca más dejas de preocuparte. En ese momento no me di cuenta de lo cierto que es. Y una de las cosas que más te preocupará es la salud de tu bebé, por lo que las visitas al pediatra serán algo habitual en tu vida.

Cómo Aprovechar el Tiempo Con el Pediatra

Cada vez que acudes al médico de tu hijo, seguramente se te olvidará preguntar algo que querías saber. Además, muchas veces el tiempo que tenemos con el doctor es muy breve y quisieras aprovecharlo al máximo.

Cuando vayas a la primera cita, pregunta cuál será el costo, si hay salones u horarios diferentes para niños sanos y cuál es la mejor manera de localizar al médico de tu hijo en caso de una emergencia. Si tienes seguro médico, recuerda mencionarlo para verificar que tu pediatra esté incluido en el plan. En la medida de lo posible, trata de sacar la cita en un horario que no coincida con alguna toma de tu bebé, para así evitar que esté muy irritable.

Aquí tienes algunos consejos para sacarle provecho a la cita:

- Haz una lista con tus preguntas; recuerda, no hay preguntas tontas, sobretodo cuando se trata de la salud de tu bebé.
- Llama al consultorio antes de salir de casa para confirmar que te atenderán a tiempo o para saber si el médico ha tenido una urgencia que lo ha retrasado.
- Llega un poco antes de la hora a la que te han citado para llenar los formularios necesarios.
- Si es posible, evita acudir con más niños, para que así estés concentrada en tu bebé. Si debes asistir con un hermanito, llévale algo para que se divierta.
- Si le han realizado análisis de laboratorio u otros exámenes a tu hijo, lleva contigo los informes para que los revise el doctor.
- Si haz leído alguna noticia que te ha

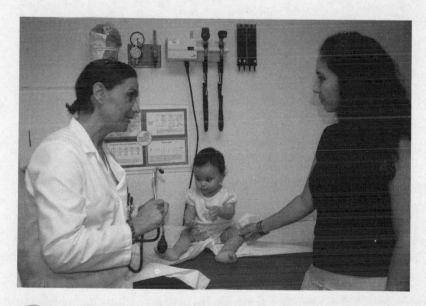

Antes de entrar a la cita, es conveniente que tengas muy claras las preguntas que vas a hacer al pediatra.

provocado inquietud o curiosidad, llévale el recorte al pediatra y consulta su opinión.

- Explícale en detalle al pediatra lo que le sucede a tu bebé. Expresa tus preocupaciones y no tengas miedo de pedirle más información sobre el diagnóstico que te está brindando. Recuerda que tienes todo el derecho a hacer las preguntas que quieras, por lo que tómate tu tiempo para aclarar cualquier duda que tengas.

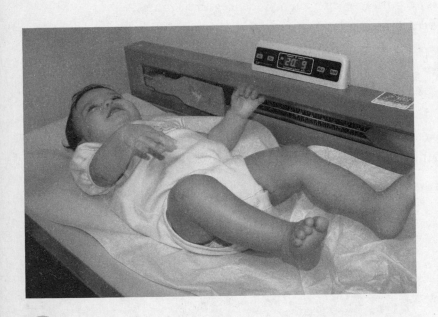

En todas las citas médicas tomarán el peso de tu bebé ya que es uno de los indicadores para evaluar un crecimiento sano y ayuda a determinar las dosis de los medicamentos.

No siempre las visitas al médico serán por enfermedades. La mayoría de las veces, en el primer año tu bebé acudirás al pediatra para chequeos periódicos y la aplicación de las vacunas. Es muy importante no atrasarse con las inmunizaciones para que tu chiquilín esté bien protegido.

Después de haber empezado con la rutina de vacunación, es recomendable que lleves un seguimiento minucioso sobre la aplicación de las vacunas de tu hijo y cuántos refuerzos necesita. Esta información te podrá servir en el futuro para probar en las guarderías o en los colegios que tu bebé ha sido vacunado. Además, en caso de que necesites cambiar de pediatra, tendrás toda la información para que el futuro médico de tu hijo le haga un mejor seguimiento clínico y sepa cuáles vacunas y refuerzos deben ser aplicados.

¿Sabes cuáles son las vacunas fundamentales que tu bebé necesita? En caso de que la respuesta sea NO, aquí las tienes:

- Sarampión
- Paperas
- Rubéola
- Polio
- DTaP (Difteria, Tétano y Tos ferina)
- Hib (Hemofilus influenza tipo B)
- Hepatitis B
- Varicela
- Hepatitis A

En la próxima página encontrarás el calendario de vacunas recomendado por los Centros para el Control y la Prevención de Enfermedades de EE.UU. Puedes anotar las fechas en que vacunes a tu bebé.

¿Por Qué Son Tan Importantes las Vacunas?

Es importante que recuerdes que todas las enfermedades nombradas anteriormente podrían causarle a tu hijo enfermedades severas o en el peor de los casos, la muerte. "Es importante vacunar a los bebés porque a través de las vacunaciones prevenimos enfermedades serias que se pueden evitar con las vacunas," explica la pediatra Maura Cintas.

Algunas madres creen que la alimentación materna que brindan a su bebé evita que se contagie de ciertos virus y que por esta razón no necesita ser vacunado, pero están muy equivocadas. Que algunas enfermedades y epidemias no se esparzan con la misma facilidad que lo hacían antes, no significa que los micro-organismos que las generan hayan dejado de existir.

Tu hijo debe recibir muchas vacunas durante sus dos primeros años de vida. En

CALENDARIO DE VACUNACIÓN

Meses del Bebé	Vacuna	Fechas de vacunación
0–2	Hepatitis B	
1–4	Hepatitis B	
2	DTaP	
2	Hib	
2	Polio	
2	PCV	
4	DTaP	
4	Hib	
4	Polio	
4	PCV	
6	DTap	
6	Hib	
6	PCV	
6–18	Hepatitis B	
6–18	Polio	
12–15	Hib	
12–15	MMR	
12–15	Varicela	
15–18	DTaP	
Opcional	Influenza	

Fuente: Departamento de Salud y Servicios Humanos, Centro para el Control y la Prevención de Enfermedades

todobebé

el momento de la aplicación de la vacuna, el bebé puede presentar un llanto desconsolador, el cual le durará muy poco (¡por suerte!). Si deseas evitar repetir los malos ratos, puedes preguntarle al pediatra por ciertas vacunas que se pueden poner al mismo tiempo, aunque algunos médicos no las consideran igualmente confiables que las que se colocan por separado. En todo caso, recuerda que este pequeño sufrimiento le evitará dolores más grandes en la vida.

Para aliviar un poco las molestias en el momento de la vacunación, puedes darle un chupete a tu bebé o alimentarlo tan pronto terminen de pincharlo. Incluso hay estudios que indican que los bebés que son amamantados mientras se les hace un procedimiento doloroso, sufren menos.

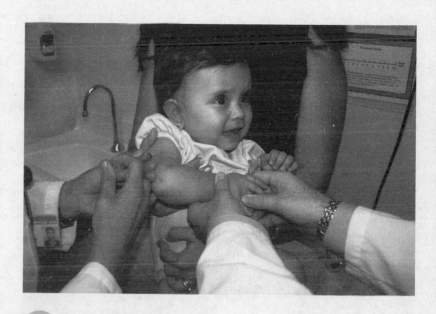

Presta atención a todos los síntomas que pueda tener tu hijo luego de haber sido vacunado para ver si necesitas llamar al pediatra.

Si en el momento de ponerle las vacunas a tu bebé observas que está enfermito y tiene un resfriado o una pequeña infección en los oídos, tos o una diarrea leve, no te preocupes. La aplicación de las vacunas no le va a hacer ningún daño ni aumentará su malestar. Los médicos no tienen ningún tipo de contraindicación para la aplicación de las vacunas cuando el niño presenta alguna enfermedad libre de complicaciones. Sin embargo, muchas veces los pediatras prefieren esperar a que el niño se mejore antes de vacunarlo para evitarle mayores molestias.

Posibles efectos secundarios

Una vez que la vacuna ha sido puesta en el cuerpo de tu bebé, debes estar preparada para los efectos secundarios que se puedan presentar, los cuales en la gran mayoría de los casos son: rasquiña, fiebre muy ligera e irritación alrededor del área donde fue puesta la vacuna. Si alguno de los síntomas descritos anteriormente se llegaran a agravar, no dudes en llamar al pediatra inmediatamente.

"En general las vacunas tienen pocos efectos secundarios, comparando sobretodo con el número de niños que se vacunan, se ven muy pocas reacciones y la mayoría son muy leves," aclara la Dra. Cintas.

Excepciones: niños que no deben ser vacunados

Si tu hijo luce enfermo, actúa rápidamente y llama al pediatra. También puedes recurrir a la línea de consultas médicas de tu plan de seguros.

Ciertas vacunas no son aconsejables para todos los niños. A los pequeños que sufren de ciertos tipos de cáncer o tienen problemas en su sistema inmunológico no se les pueden aplicar las vacunas contra la varicela, el sarampión, las paperas, y las vacunas orales contra la polio. Es más: cuando están en tratamiento, los padres deben ser muy cuidadosos y evitar el contacto entre sus hijos y otros niños que hayan sido vacunados recientemente.

En el caso de los niños que sufren de convulsiones, no se les puede aplicar la vacuna conocida como la DTaP.

MITO O REALIDAD:
¿LAS VACUNAS CAUSAN OTRAS ENFERMEDADES?

Según los expertos de instituciones tan prestigiosas como la AAP, las vacunas no son peligrosas, y no causan enfermedades en los niños. Al contrario: las evitan y al igual que todos los productos de consumo masivo, están reguladas. La Administración de Drogas y Alimentos (Food and Drug Administration) en los Estados Unidos es la entidad que está a cargo de supervisar y aprobar la fabricación de vacunas en ese país; ninguna vacuna puede salir al mercado sin su aprobación. Además, una vez que la vacuna ha sido aprobada por ellos, el fabricante tiene que hacer una prueba más con cada lote antes de que éstos salgan al mercado para evitar cualquier tipo de error.

"Las investigaciones que se han conducido en los Estados Unidos y en otras partes del mundo, no han podido comprobar que ninguna enfermedad como el autismo, se relacione con las vacunas," especifica la pediatra Maura Cintas. Por ejemplo, una investigación de científicos de Canadá y el Reino Unido publicada en septiembre de 2004 en la revista especializada *The Lancet,* corrobora las investigaciones hechas con anterioridad de que no existe ninguna relación entre la mo vacuna triple contra la rubéola, paperas y sarampión (conocida en inglés como MMR) y el autismo.

Sin embargo, muchos padres siguen desconfiando. Sí hay estudios que sugieren una relación entre un tipo de preservativo hecho a partir de mercurio que se utilizaba en las vacunas llamado timerosal (conocido también como mertiolate) y una mayor incidencia de trastornos neurológicos, pero no hay pruebas fehacientes y los críticos han dicho que dichas investigaciones fueron hechas sin grupos de control o que no examinaron otras posibles fuentes de mercurio. En todo caso, si quieres tener más tranquilidad, pregúntale al pediatra si las vacunas que recibirá tu hijo tienen timerosal e indícale que prefieres que use las que no contienen mercurio.

Cuando Tu Bebé Se Enferma

A nadie le gusta ver sufrir a su hijo. Cuando vemos molesto a nuestro bebé, nos angustiamos por no poder saber con exactitud lo que le sucede.

A veces, es relativamente fácil adivinar. Por ejemplo, si vemos que nuestro chiquitín tiene la nariz congestionada, lo más probable es que se haya resfriado. En ese caso, lo más que podemos hacer es aliviar las molestias. En el caso de los bebés más chiquitos, la prioridad es ayudarlos a respirar por la nariz. Esto se puede lograr aplicando gotas salinas en cada fosa nasal, esperar unos minutos y luego aspirar los mocos con la ayuda de una "pera" o bulbo especial para infantes.

Es muy importante saber que los resfriados comunes y corrientes son causados por un virus, por lo que no sirve darle antibióticos al bebé (salvo que el médico diagnostique una complicación derivada del catarro como sinusitis o bronquitis). Los medicamentos descongestionantes, por otra parte, pueden aliviar temporalmente las molestias del resfrío, pero hay que evaluar con el pediatra si conviene usarlos y en qué cantidad.

Cuando No Es un Simple Resfriado

Una simple gripe puede llegar a convertirse en una enfermedad más grave si no le prestas atención. La bronquitis obstructiva es una infección que genera una inflamación en la laringe, la traquea y en los bronquios. Es causada por el virus de la gripe, el cual está presente en el aire alrededor de las personas infectadas. Este virus causa dificultad al respirar y afecta las cuerdas vocales, produciéndole al niño una voz ronca y chillona; y originándole una tos frecuente y muy fuerte (popularmente conocida como tos de perro).

Los niños más pequeños tienen mayores probabilidades de sufrir la bronquitis obstructiva y que les afecte por más tiempo, debido a que sus vías respiratorias son más pequeñas. Además, los síntomas se pueden presentar nuevamente después de que se hayan curado. Los niños que tienen entre seis meses y tres años de edad son más propensos a sufrir de bronquitis obstructiva y algunos niños en particular son más propensos a desarrollar está enfermedad.

Durante la enfermedad, tu hijo puede presentar los siguientes síntomas:

1. Dificultad al respirar: el niño presentará un ruido áspero, vibrante y molesto al respirar que puedes percibir si acercas tu oído a su cara para escuchar su respiración.
2. Tos congestionada y espasmódica: el niño presentará una tos irregular y severa, que es parecida al ladrido de un perrito.
3. Produce un ruido fuerte al inhalar aire: Este ruido es estridente y lo podrás percibir cuando el niño esté llorando o tosiendo.
4. Respiración rápida: La respiración del niño será bastante agitada.
5. Descoloración de la piel: El niño se verá más pálido debido a la falta de oxígeno.
6. Aumento del uso de los músculos del cuello y el pecho.

Cómo tratar la enfermedad en la casa

Cuando el niño no presenta un ruido al respirar debido a la obstrucción de las vías respiratorias, conviene tener en cuenta lo siguiente:

- El aire seco hace que la tos empeore, por eso es aconsejable poner un humidificador en la habitación del niño.
- Dale la leche caliente pero no hirviendo, para aliviar los espasmos de la tos y ayudar a relajar las cuerdas vocales.
- Durante la enfermedad observa a tu hijo muy de cerca, duerme en la misma habitación con él y vigila sus horas de sueño.
- No permitas que nadie fume alrededor del niño porque podrían agravarse los síntomas.

- No lo mandes a la guardería hasta que no se sienta mejor. Este virus no deja de ser altamente contagioso hasta que la fiebre haya desaparecido por completo (aproximadamente tres días).

Algunos consejos

Cuando el niño presenta un ruido al respirar debido a la obstrucción de las vías respiratorias, existen varias alternativas para aliviarlo.

Las vaporizaciones ayudan a relajar las cuerdas vocales y a acabar con el catarro. Puedes utilizar una toallita humedecida en agua caliente, para que el niño inhale el vapor.

También puedes poner a correr agua caliente en la ducha con la puerta cerrada, para que se forme una nube espesa de vapor. Después, pon al niño cerca de la ducha para que inhale el vapor.

Cuándo llamar al médico

Te aconsejamos llamar al pediatra cuando el niño presente fiebre durante más de tres días o si la bronquitis obstructiva está presente por un periodo mayor a diez días.

Además, debes llamar inmediatamente al médico si:

- Tu hijo empieza a ponerse raro, a expectorar o a tener gran dificultad para tragar.
- Si no presenta ninguna mejoría en un lapso de veinte minutos después de haberle hecho las vaporizaciones.
- Si continúa con congestión en el pecho y empieza a sentirse muy enfermo.

El médico lo examinará y te dará el diagnóstico más acertado y de ser necesario, tomará la decisión de dejar a tu hijo en el hospital.

Qué Hacer Si Tu Niño Tiene Fiebre

Cuando sospechamos que el bebé tiene fiebre o calentura, el primer instinto es preocuparnos y tratar de bajar la temperatura de inmediato. Sin embargo, bajar la fiebre no es tan importante como averiguar su causa, ya que es un síntoma muy importante de que algo le está sucediendo al bebé. Por eso es recomendable llamar al médico si tu hijo tiene una temperatura alta o si ha estado con fiebre por más de doce horas.

A tomar la temperatura

El primer paso es tomarle la temperatura, ya sea con un termómetro especial que se introduce en el oído del bebé o con uno digital. Para los bebés pequeños, se usa un termómetro rectal, ya que es el más preciso. Si quieres evitarle molestias a tu bebé, colócale un poco de vaselina en la punta del termómetro, introdúcelo suavemente y sujétalo en su lugar por tres minutos. La Academia Estadounidense de Pediatría no recomienda usar termómetros de mercurio, ya que si se quiebran son peligrosos para la salud.

Siempre revisa la dosis que te indica tu pediatra para la medicina de tu hijo; generalmente dependerá del peso y de la edad. También sigue las instrucciones al pie de la letra.

Debes tener en mente que el cuerpo tiene distintas temperaturas dependiendo de la hora del día. En la mañana, la temperatura alcanza su punto más bajo; al atardecer, su momento más alto. También influyen la actividad física y los alimentos calientes. Para hacer una medición lo más acertada posible, tómale la temperatura a tu bebé treinta minutos después de que haya dejado de moverse mucho o media hora después de haber comido o tomado algo caliente.

Luego de llamar al médico, puedes hacer lo siguiente para bajar la temperatura:

- Darle paracetamol o acetaminofén para niños: consulta con el pediatra para ver qué dosis recomienda y si es mejor una fórmula en jarabe o en tabletas. Eso sí, nunca debes darle aspirina a un niño.
- Bañar al bebé con una esponja y agua tibia: el agua tibia le bajará la temperatura cuando se evapore. No uses agua fría, porque si el niño empieza a tiritar, le subirá más la fiebre.
- Asegúrate de que el bebé ingiera líquidos: es muy importante evitar la deshidratación. La lactancia materna da los líquidos necesarios; pero si el bebé ha tenido diarrea, eso sí, puede ser necesario darle algún tipo de bebida especial o suero pediátrico con unas sales llamadas electrolitos.
- Aunque es posible que le disminuya el apetito, trata de mantener el horario de las comidas, ya sea dandole el biberón o el pecho. Los niños de casi un año pueden ingerir bebidas no muy calientes, siempre y cuando no tengan cafeína (por su efecto diurético). Contrario a lo que se piensa, las bebidas de cola no son las más indicadas, porque hacen que el niño elimine más líquidos.
- Viste al niño con ropa liviana: no lo arropes demasiado para evitar subir más aún su temperatura. Para abrigarlo en la noche, usa una manta delgada.

Todos estos consejos servirán para disminuir la fiebre, pero no esperes que se la quiten por completo. Si nada logra bajarle la temperatura a tu hijo, comunícate lo antes posible con el pediatra.

Algo que no debes hacer es seguir el consejo de las abuelas de rociar al bebé con alcohol. Puede hacer que el niño empiece a temblar de frío y eso terminará por aumentar su calentura. Además, el olor puede irritar a tu pequeño y si su piel absorbe mucho alcohol, podría tener una reacción tóxica.

Una vez que tu hijo pase veinticuatro horas sin fiebre, puedes quedarte tranquila. Significa que el peligro de contagio ya pasó y que se está recuperando. Sólo en ese momento los médicos recomiendan que regrese a la guardería o al jardín infantil.

Las Infecciones de Oídos: Un Mal Demasiado Común

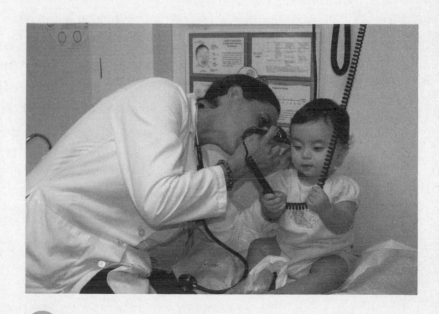

Una causa muy frecuente de fiebre alta en los bebés es la otitis o infección de oídos, que le da a tres de cada cuatro niños antes de los tres años. La mayoría de las veces, nuestro pequeñín demostrará su dolor poniéndose llorón e irritable. Incluso le

Las infecciones de oídos son muy molestas para el bebé, pero no siempre requieren de tratamientos con antibióticos.

puede molestar comer. Sin embargo, el único que puede realizar el diagnóstico de manera acertada es el pediatra.

"Este problema puede ser provocado por una alergia, una infección de la garganta, una sinusitis o un catarro," señala el pediatra Marcos Akerman. "Es una infección bastante común en los niños porque los tubos que van del oído hacia la garganta y la nariz, son bien estrechos y pequeños."

Lo importante es acudir al doctor para que examine el oído de tu hijo y evalúe si es necesario recetar un antibiótico, aunque estos remedios no siempre son necesarios. Según la AAP, ocho de cada diez niños se mejoran de las otitis sin necesidad de ese tipo de medicamentos. Los más importante, dice la agrupación de pediatras, es controlar el dolor del bebé usando ibuprofeno o paracetamol.

Eso sí, ten claro que si tu hijo tiene tres infecciones de oído en seis meses o cuatro en un año, el pediatra seguramente te recomendará un tratamiento más agresivo. Por ejemplo, le pueden dar antibióticos a diario durante un periodo determinado (tres meses o más).

Si tu bebé sufre de muchas infecciones al oído:

- Trata de amamantarlo lo más posible; los niños que toman pecho se enferman menos de otitis.
- No dejes que tome el biberón acostado, sino sentado.
- No expongas al bebé al humo del cigarrillo.
- Pídele al médico que evalúe si tu hijo sufre de alergias.
- Si usa chupete, trata de quitárselo.
- Evalúa su audición si no responde a su nombre o si grita mucho.

No Abuses de los Antibióticos

Los antibióticos son unos de los medicamentos más potentes e importantes que se conocen. Cuando son usados adecuadamente, pueden salvar vidas, pero cuando son usados de forma inadecuada, pueden hacer daño a tu niño, según han alertado

SE CONFIRMA QUE UNA VACUNA ES EFECTIVA PARA PREVENIR LAS INFECCIONES DE OÍDOS

Hace varios años que está aprobada en EE.UU. una vacuna para evitar las infecciones originadas por el neumococo, pero ahora se comprobó que es efectiva para evitar también ciertas infecciones de los oídos en los niños conocidas como *otitis media.* Se llama Prevnar, pero se le conoce fuera de EE.UU. como Prevenar. Este es un hallazgo importante, ya que cada año millones de niños sufren del dolor causado por la otitis.

Según una investigación realizada en Finlandia y publicada en el *New England Journal of Medicine,* la vacuna disminuye en un 57 por ciento los episodios de otitis media causados por los siete tipos de neumococo a los que apunta. Pero también reduce los casos de infecciones al oído causados por bacterias de la misma familia.

El principal culpable de la otitis es el neumococo (causado por la bacteria *streptococcus pneumoniae*), responsable de hasta un 60 por ciento de los casos. Como estas infecciones suelen ser las más resistentes a los antibióticos, la inmunización puede ser una herramienta muy efectiva para evitar que los niños sufran de otitis.

los Centros para el Control y Prevención de Enfermedades de EE.UU. (CDC). Los antibióticos no deben ser usados para tratar infecciones virales, por ejemplo.

El problema de usar antibióticos para combatir cualquier enfermedad, aunque no sea de origen bacteriano, es que hay nuevos tipos de bacterias que se van haciendo inmunes a los medicamentos comunes. A largo plazo, esto significa que si tu hijo adquiere una infección causada por una bacteria resistente, es posible que necesite ser tratado en un hospital.

Además, si el pediatra receta un antibiótico para tu niño, es importante que te asegures de dárselo durante el tiempo indicado por el médico y nunca guardes antibióticos para uso posterior.

Cuidado con la Diarrea

Otro mal que puede afectar a nuestro pequeñín es la diarrea. Ya sea a causa de un virus o de una infección intestinal, la diarrea en los bebés debe tomarse muy en serio pues puede hacer que tu hijo se deshidrate.

Antes que nada, es conveniente aclarar que una deposición líquida, es decir, un pañal con materia fecal muy suave, no quiere decir que se trate de una diarrea. Es necesario que el niño a lo largo del día tenga varios episodios para determinar que sí está enfermo.

El pediatra es el más indicado para realizar el diagnóstico y dependiendo de la edad del bebé, podrá dictar las pautas a seguir. La buena noticia es que la mayoría de las veces el tratamiento es fácil y no amerita más visitas al médico.

Lo más importante es tratar de eliminar de la dieta del bebé los alimentos o líquidos que pueden agravar la diarrea. Contrario a lo que se piensa, es muy malo dar bebidas dulces como gaseosas o jugos, ya que la gran cantidad de azúcar que contienen sólo empeora la diarrea. Es mejor hidratar al niño con sueros pediátricos especiales que tienen una mezcla equilibrada de sales y azúcares. Estos líquidos son conocidos como soluciones con electrolitos (por ejemplo, Pedialyte), están a la venta en cualquier farmacia y evitan que el niño no se deshidrate.

La leche de vaca también contiene azúcar, por lo que si el niño no está tomando pecho, quizás el médico recomiende suspender los biberones con leche hasta que se estabilice la diarrea. Si el bebé está lactando, la madre puede seguir amamantándolo según él lo pida, tomando en consideración que probablemente el niño tendrá más sed.

Una mención aparte merecen los niños que presentan un cuadro con vómitos y diarrea (típico del rotavirus), ya que el riesgo de deshidratación es más alto. El médico seguramente indicará no dar líquidos sino hasta un tiempo prudente después del episodio de vómitos y luego darle poco a poco, cucharada a cucharada, el suero pediátrico. Cuando el niño ya no devuelva el líquido, se puede aumentar la cantidad y una vez que hayan pasado varias horas, se puede intentar dar alimentos al bebé si ya está comiendo sólidos.

Sin embargo, no se puede dar cualquier alimento al niño (si es que ya come sólidos). Para evitar irritar aún más al estómago del bebé, se debe limitar las comidas al arroz hervido (se le puede dar el agua del arroz para ayudar a estreñirlo), pan tostado, manzana y plátano (banano o cambur).

Si en algún momento llegas a notar que tu bebé no tiene lágrimas, está muy aletargado y somnoliento, no ha orinado en más de tres horas o tiene poca saliva (o está pegajosa), tu hijo está deshidratado y necesita atención médica urgente.

Consejos para Evitar el Estreñimiento

Otra preocupación común es el problema contrario: la dificultad para hacer "popó" que presentan algunos bebés. Si tu hijo tiene problemas de estreñimiento, hay muchas cosas que puedes hacer para evitarle el sufrimiento a la hora de pujar. Sin embargo, son distintos los cuidados para bebés menores de tres meses que para los más grandecitos.

Por ejemplo, es normal que un recién nacido haga "popó" después de cada toma, especialmente si toma leche materna, que el bebé es capaz de digerir muy bien. Los niños alimentados con fórmulas tienen heces más formadas y suelen tener deposiciones con menos frecuencia.

Ya cuando el niño empieza a alimentarse con sólidos, sus desechos cambian y muchas veces es ahí cuando se manifiestan algunas dificultades a la hora de pujar.

Según el Dr. Francisco Medina, jefe de la sala de emergencia pediátrica del Hospital Baptist en Miami, EE.UU., el estreñimiento se define por "la falta de pasar las heces en una forma ordenada y periódica." Esto significa que el niño debe seguir un patrón, que no necesariamente es diario. "Hay niños que defecan cada tres días y pueden pasar hasta una semana sin ponerse tóxicos," explica.

Agrega que contrario a lo que se piensa comúnmente, el hierro en las fórmulas lácteas no es la causa del estreñimiento que sufren los bebés y dice que es muy peligroso para el desarrollo del niño darle una leche artificial baja en hierro.

Además de la frecuencia, si las heces son muy duras, se habla de que el niño está estreñido. La mayoría de las veces un simple cambio en la alimentación del bebé soluciona el problema y no es motivo para llamar de urgencia al pediatra. Sin embargo, si hay sangre o cosas que no parecen comida en el pañal, hay que llamar al doctor, al igual que si hay cualquier cambio significativo en los hábitos del niño.

En el resto de los casos, puedes intentar resolver el estreñimiento de tu bebé con algunos cambios en su dieta siguiendo estos consejos:

- Si el bebé es menor de tres meses, puedes aplicar un supositorio de glicerina para lubricar la zona y ayudarlo a pasar las heces.
- Si ya tiene tres meses o más, dale más agua.
- También puedes darle jugo de ciruela seca diluido con agua.
- Si ya come sólidos, evita el arroz (incluyendo el cereal de arroz), la manzana y el plátano o banano.
- Dale alimentos con fibra como peras, avena y ciruelas.

Ese consejo a Sandra Ramírez le ha resultado de maravillas con su bebé. "Ahora le estoy dando compota de ciruela cada vez que veo que esta un poquito retrasado, le doy compota de ciruela y perfecto."

El Dr. Medina también recomienda evitar las zanahorias crudas, ya que pueden estreñir al bebé. Además, si el niño es mayor de un año, aconseja vigilar la cantidad de leche que toma, ya que en su experiencia muchos pequeñincs que sufren a la hora de pujar toman demasiada leche y eso los estriñe.

Como cada niño es distinto, no dudes en llamar al pediatra si tienes dudas. Asimismo, si un cambio en la dieta no regulariza a tu bebé, debes hacérselo notar al médico, para evaluar si hay algún tipo de problema en el sistema digestivo del niño que necesita ser evaluado con exámenes más específicos.

Y otra cosa importante: los médicos dicen que no es saludable el estímulo constante con el termómetro. Los niños se acostumbran a ello pero también puede suceder otra cosa. El jefe de la sala de emergencia pediátrica del hospital Baptist advierte que hay casos en que la estimulación del recto con el termómetro puede provocarle al bebé una baja de presión abrupta, algo que debemos recordar.

Qué Es la Pañalitis o Irritación en la Zona del Pañal

La irritación en la zona del pañal puede afectar a todos los niños, pero no por eso uno piensa que le vaya a suceder a su hijo. "La verdad es que me sentí muy mal porque pensé que no era una buena madre o algo así, pero después me enteré que era algo muy común," corroboró Karina Batievsky, mamá de dos niños que han sufrido de irritación.

Las causas pueden ser muchas pero como explica la Dra. Ana Duarte, directora del Departamento Dermatología del Children's Skin Center en Miami, Florida, EE.UU., el pañal mismo tiene la culpa. "Porque cuando el niño orina y se hace heces en el pañal, se irrita la piel, por el contacto de esas materias con la piel," señaló.

Como no es una opción dejar a tu hijo todo el día sin pañales, ¿qué se puede hacer para evitar las molestias en esa zona tan delicada? "La manera de evitar la dermatitis del pañal o la irritación, es cambiando el pañal frecuentemente, cada vez que el niño se orina o se hace "popó," hay que cambiarlo inmediatamente, enjuagarlo con agua, ponerle un pañal fresco y casi siempre yo les recomiendo ponerle un humectante que sea bien espeso para proteger la piel," explicó la Dra. Duarte.

Si el niño no mejora rápido, se necesitan otros cuidados. "A las veinticuatro horas las dermatitis del pañal pueden tener hongos, así que en el tratamiento siempre se debe incorporar algo contra el hongo," advirtió.

Y no confíes en los remedios caseros, porque en vez de ayudar, pueden agravar la situación. Según cuenta la Dra. Duarte, el remedio casero de hacer una mezcla de agua con maicena en realidad puede empeorar la situación "porque la maicena puede ayudar a que el hongo coja más fuerza."

Si quieres evitar la irritación
producida por el pañal:

- Cambia el pañal
  frecuentemente.
- No dejes que el niño esté
  con un pañal con heces o
  diarrea.
- Lava la zona irritada
  con agua y sécala dando golpecitos suaves, sin refregar.
- Usa una crema espesa para mantener humectada la zona (las mejores
  contienen óxido de zinc).
- Deja al bebé un rato sin pañal para que se airee la zona.
- Evita los calzones de goma, ya que no permiten la circulación del aire.
- No uses maicena ya que si hay hongos, crecerán con más fuerza.

Hitos del Bebé en Su Primer Año

En el primer año de vida de tu bebé los cambios son constantes y entre sus logros
están los conocidos hitos del desarrollo como darse vuelta, sentarse, pararse, y
hasta caminar. Todos son importantes. Claro que al principio los logros parecen
muy pequeños, como por ejemplo seguir el sonido de una sonaja con la mirada o
sonreír al cumplir un mes.

Edith Peisach, psicóloga y propietaria de los Centros de Estimulación Temprana "Baby Stars," explica que "a los tres meses el bebé debe levantar su cabeza, y
casi hacer un arco con su cuerpo. Luego a los cinco meses debe ser capaz de darse la
vuelta y reírse con carcajadas."

Ten en cuenta que cada bebé es único y que cada uno se desarrolla a su propio ritmo. Por ejemplo, Mónica Giraldo, mamá de dos niñas, tenía ciertas inquietudes con su primera bebé. "Me preocupaba que a la niña no le gustaba que la pusiera boca abajo para que levantara el cuello y entonces empecé a hacerle ejercicios para que aprendiera a gatear y a gustarle esa posición."

Para incentivar a nuestro bebé, es necesario estimularlo desde chiquito con colores, texturas y sonidos. "A partir de los siete meses, ya se refuerza la parte de la cintura para abajo y ya el bebé puede sentarse solo, y empezar a gatear," señala la psicóloga Peisach.

Esto suele darnos gran alegría y alivio. "A partir de los seis meses que se sentó mi hija fue lo mejor que me pudo pasar porque ya yo no la tenía que estar cargando," cuenta Sharon Derzavich, madre de dos niñas.

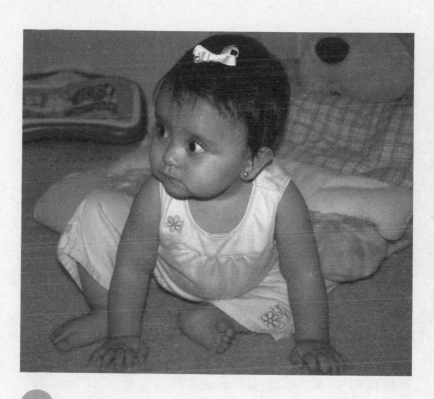

Gatear es muy importante para el bebé ya que no sólo adquiere independencia sino que se fortalecen sus brazos, tronco e incluso sus manos.

A los seis meses también empiezan a balbucear y divertirse con quienes los rodean. Luego apuntarán con el dedo ciertos objetos.

De los nueve a los diez meses el bebé se empieza a parar, lo que implica nuevas aventuras . . . y peligros. Por eso es importante preparar tu hogar para evitar accidentes. No te olvides de tener muy presente el Capítulo 8 de nuestro libro, "Seguridad ante todo."

Es normal que algunos bebés se demoren en caminar y luego en hablar, pero consulta al pediatra si tu hijo no te mira a los ojos después del quinto mes, no reacciona cuando dices su nombre, o cerca del año no se desplaza solo, aunque sea gateando.

Un signo muy claro de que tu hijo está casi listo para caminar es su intento permanente de pararse agarrándose de los muebles.

¿Qué hacer si tu bebé no gatea?

El Dr. Edwin Cordero, pediatra del Miami Children's Hospital señala que "normalmente el gatear ocurre entre los siete y diez meses de vida. Por un tiempo el niño empieza a mecerse apoyándose en sus manos y rodillas. Eventualmente con el tiempo y la práctica aprenden a coordinar el movimiento y se empiezan a desplazar hacia su objeto favorito."

Diana Rojas justamente se preocupó por eso: a los nueve meses su hija todavía no gateaba ni daba señales de tener la intención de hacerlo.

Sin embargo, los expertos no se preocupan demasiado a esa edad. La psicóloga Edith Peisach, especialista en estimulación infantil, señala que "no siempre que el niño no hace algo, refleja un problema. A veces es simplemente que no se ha estimulado al niño."

Para animar a un niño a gatear, según el pediatra Edwin Cordero, "uno debe conseguir un objeto interesante como un juguete y ponerlo levemente fuera de su alcance y estimular al niño a que lo trate de coger." Los expertos también señalan que es muy importante que el bebé esté boca abajo y vaya fortaleciendo sus brazos y su tronco, para tener la musculatura necesaria para empezar a desplazarse por sí mismo.

Cómo Reconocer los Problemas en el Desarrollo de Tu Bebé

Muchos padres no se dan cuenta de que su hijo tiene problemas en su desarrollo psico-motor hasta después de que han pasado varios meses o años. Es muy importante la detección temprana de cualquier trastorno, ya que con una rehabilitación adecuada los niños pueden tener una vida normal o casi normal. Si sospechas que tu bebé no se está desarrollando de acuerdo a lo que le corresponde, consulta a tu pediatra o a un especialista en neurología.

Algunos síntomas tempranos de que algo anda mal y que ameritan una consulta médica son:

- El bebé no sostiene o no controla adecuadamente su cabeza después de los tres meses
- Sus brazos o piernas están tiesos o rígidos
- El niño tiende a alejarse o arquea su espalda
- Mala postura corporal
- No se puede sentar solo a los ocho meses
- Usa sólo un lado del cuerpo o sólo los brazos para gatear
- Irritabilidad extrema o llora en exceso
- El bebé no sonríe a los tres meses

- Tienes dificultades al alimentarlo, por ejemplo, si constantemente se ahoga cuando se le da de comer
- La lengua del lactante empuja hacia fuera alimentos blandos después de los seis meses

Te advertimos que estos síntomas no indican necesariamente que tu bebé tiene problemas graves. Eso sí, ante cualquier duda, debes consultar con un médico para ver si tus preocupaciones son reales.

Estos hitos en el desarrollo de tu bebé se refieren al promedio, pero hay un rango un poco más amplio en lo que es considerado normal. El orden en que aparecen las habilidades generalmente importa más que cuándo. Y recuerda evitar las comparaciones con otros niños porque el desarrollo de los bebés no es una competencia.

Todobebé Resumen:
Cómo Cuidar la Salud de Tu Bebé

De seguro visitarás al pediatra con mucha frecuencia durante el primer año de tu bebé, ya sea por sus chequeos periódicos (cada dos meses) o porque tu hijo se ha enfermado. Las vacunas que le aplicarán a tu hijo pueden provocarle algunas molestias, pero en nuestra opinión valen la pena porque lo estarás protegiendo de muchas enfermedades.

Sin embargo, es un hecho que tu chiquito se enfermará más de alguna vez. Es importante llamar al médico si:

- El bebé presenta fiebre durante más de doce horas.
- Tu hijo empieza a ponerse raro, a expectorar o a tener gran dificultad para tragar.
- Tu chiquito está excesivamente somnoliento.
- El bebé no quiere comer.

El médico lo examinará y te dará el diagnóstico más acertado. Asegúrate de que el bebé ingiera líquidos ya que eso lo ayudará a recuperarse.

A veces la causa de la fiebre es la otitis o infección de oídos. Si tu bebé sufre de muchas:

- Trata de amamantarlo; los niños que toman pecho se enferman menos de otitis.
- No dejes que tome el biberón acostado, sino sentado.
- No expongas al bebé al humo del cigarrillo.
- Pídele al médico que evalúe si tu hijo sufre de alergias.
- Si usa chupete, trata de quitárselo.
- Evalúa su audición.

Otro problema que es común en los bebés, es el estreñimiento. Puedes intentar resolverlo con algunos cambios en su dieta siguiendo estos consejos:

- Si el bebé es menor de tres meses, puedes aplicar un supositorio de glicerina para lubricar la zona y ayudarlo a pasar las heces.
- Si ya tiene tres meses o más, dale más agua.
- También puedes darle jugo de ciruela seca diluido con agua.
- Si ya come sólidos, evita el arroz (incluyendo el cereal de arroz), la manzana y el plátano o banano.
- Dale alimentos con fibra como peras, avena y ciruelas.

Otras veces, el problema está en la zona del pañal de nuestro bebé, cuando se le irrita y arde. Si quieres evitar la irritación o dermatitis producida por el pañal:

- Cambia el pañal frecuentemente.
- No dejes que el niño esté con un pañal con heces o diarrea.
- Lava la zona irritada con agua y sécala dando golpecitos suaves, sin refregar.

- Usa una crema espesa para mantener humectada la zona (las mejores contienen óxido de zinc).
- Deja al bebé un rato sin pañal para que se airee la zona.
- Evita los calzones de goma, ya que no permiten la circulación del aire.
- No uses maicena ya que si hay hongos, crecerán con más fuerza.

A medida que tu hijo vaya creciendo, verás cómo se vuelve más hábil, más conversador y más activo. Sin embargo, cada bebé es único y puede demorarse en sentarse, gatear o caminar. La mayoría de las veces no es para preocuparse, pero aquí tienes algunos síntomas tempranos de que algo anda mal y que ameritan una consulta médica:

- El bebé no sostiene o no controla adecuadamente su cabeza después de los tres meses
- Sus brazos o piernas están tiesos o rígidos
- El niño tiende a alejarse o arquea su espalda
- Mala postura corporal
- No se puede sentar solo a los ocho meses
- Usa sólo un lado del cuerpo o sólo los brazos para gatear
- Irritabilidad extrema o llora en exceso
- El bebé no sonríe a los tres meses
- Tienes dificultades al alimentarlo, por ejemplo, si constantemente se ahoga cuando se le da de comer
- La lengua del lactante empuja hacia fuera alimentos blandos después de los seis meses

Ante cualquier duda, debes consultar con un médico para ver si tus preocupaciones merecen ser investigadas.

Estos hitos en el desarrollo de tu bebé se refieren al promedio, y lo más importante es el orden en que tu chiquito los logra.

diez

Cuidando la Sonrisa de Tu Bebé

Ente este capítulo: ¿Cuándo Brotan los Dientes del Bebé?—¿Cuáles Son los Síntomas de la Dentición?—Cómo Aliviar las Molestias—Los Primeros Cuidados—El Chupete ¿Daña los Dientes?—¿Qué Pasa Si Tu Hijo Se Chupa el Dedo?

A esta bebita de ocho meses ya le han salido sus primeros dientes inferiores.

Generalmente entre el sexto y octavo mes, notarás que las encías de tu bebito se hincharán. Quizás se ponga más irritable y empiece a babear más de lo habitual. Todo esto es normal. Se trata del proceso de dentición, que puede ser muy doloroso e incómodo para tu bebito.

Según recuerda Evelin Alarcón, a su hija le tocó el turno a los siete meses de edad. "Me di cuenta porque se ponía muy molesta."

Pero hay bebés más precoces.

"Inicialmente al niño le salieron los dientes a los tres meses y cuando ya se iba acercando el quinto mes ya tenía los de arriba y le estaban saliendo las muelitas," cuenta Adriana Ospina. "Le dio mucha fiebre y se le hinchó la boca."

Eso sí, no hay que buscar interpretaciones muy profundas en la aparición de los dientes. Según la dentista pediátrica Marta Ortíz "no porque el niño tenga los dientecitos a los seis meses significa que está adelantado ni que está atrasado." Asimismo, no debemos preocuparnos demasiado si el proceso se atrasa un poco. "Algunas veces el niño puede tener más de un año sin que hayan aparecido sus dientes primarios. Pero no hay por qué alarmarse," explica.

DIENTES SUPERIORES:

Diente	Primer brote	Aparición definitiva
Inciso central	8–12 Meses	7–8 Años
Inciso lateral	9–13 Meses	8–9 Años
Canino	16–22 Meses	11–12 Años
Primer premolar		10–11 Años
Segundo premolar		10–12 Años
Primer molar	13–19 Meses	6–7 Años
Segundo molar	25–33 Meses	12–13 Años
Tercer molar		17–21 Años

todobebé

¿Cuándo Brotan los Dientes del Bebé?

¿Quieres saber cuándo deberían aparecerle los dientes de leche a tu bebé? ¿Cuándo le brotarán sus dientes definitivos? Entonces chequea la siguiente tabla elaborada con la ayuda de la experta en higiene dental, Karina Batievsky.

Consulta con tu pediatra cuándo es el mejor momento de llevar al bebé al dentista. Existen discrepancias respecto al tema, ya que la Asociación de Dentistas Pediátricos de los Estados Unidos aconseja llevar a tu hijo cuando cumple un añito, mientras que otros expertos en higiene dental dicen que no hay necesidad de consultar al dentista antes de los tres años, a menos que el niño sufra un golpe

DIENTES INFERIORES

Diente	Primer brote (de leche)	Aparición definitiva
Inciso central	6–10 Meses	6–7 Años
Inciso lateral	10–16 Meses	7–8 Años
Canino	17–23 Meses	9–10 Años
Primer premolar		10–12 Años
Segundo premolar		11–12 Años
Primer molar	14–18 Meses	6–7 Años
Segundo molar	23–31 Meses	11–13 Años
Tercer molar		17–21 Años

o traumatismo que podría afectar el desarrollo de sus dientes. En ese caso, acude lo antes posible a un profesional para que evalúe el daño y te indique los cuidados a tener.

¿Cuáles Son los Síntomas de la Dentición?

Hay muchos mitos respecto a la salida de los dientes. Según la Dra. Ortíz, hay muchos síntomas que sí son ciertos. "Aumento de la saliva, el bebé se pone muy incómodo, las encías se le ponen rojas y a veces hasta pierden el sueño, duermen mal," explica.

Pero hay otros malestares que comúnmente se relacionan con la dentición que no se han podido probar. "También se le asocia con diarreas, vómitos, aunque ningún estudio científico ha comprobado que esto esté asociado con la dentición," aclara la dentista. Incluso la Asociación Estadounidense de Dentistas (ADA por sus siglas en inglés) aconseja consultar al pediatra en caso de que el bebé presente fiebre o vómitos.

Cómo Aliviar las Molestias

Para sobrellevar esta etapa tan difícil, se aconseja limpiarle la boca al bebé con una gasa después de cada biberón, así se fortalecen las encías para la llegada de los dientes. También se le puede dar un analgésico aprobado por el pediatra o aplicar un anestésico local que se encuentra en farmacias, aunque esto suele ser poco efectivo porque el bebé se traga el gel. Otros padres prefieren usar remedios homeopáticos como unas pastillas hechas de matricaria o camomila.

Asimismo puedes comprar sonajeros o anillos que se enfrían en la refrigeradora, pues ayudarán a aliviarle el dolor a tu bebé cuando los muerda. Sin embargo, no le des mordedores congelados, ya que podrían dañar a tu chiquitín. Y una advertencia: no le des zanahorias crudas, ya que podría atragantarse.

todobebé

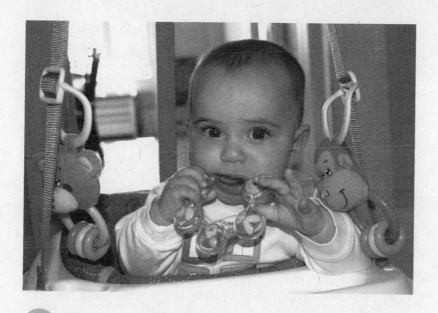

Los juguetes especiales para morder ayudan a calmar las molestias que siente el bebé durante la dentición.

Los Primeros Cuidados

Es muy importante cuidar la dentadura de tu bebé desde los primeros días, para asegurar su sonrisa. Después de darle de comer, se deben limpiar las encías del infante con una tela suave y húmeda o una gasa.

Apenas broten los primeros dientes, puedes empezar a cepillarlos suavemente. El cepillo debe ser extremadamente suave y debes cambiarlo apenas empiecen a abrirse las cerdas. En general, conviene cambiarlo cada seis a ocho semanas, para evitar la acumulación de bacteria. "La mejor manera de lavar los dientes del bebé es poniendo la mitad de las cerdas del cepillo en el diente y la otra mitad de las cerdas en la encía," explica la Dra. Marta Ortíz, dentista pediátrica. "Se hacen pequeños circulitos en la parte exterior, se inclina el cepillo para la parte interna y en la parte superior se pueden restregar los dientecitos."

Sin embargo, no uses pasta de dientes sin consultarle a un dentista; existen diferentes tipos de cremas recomendadas según las distintas etapas en la vida de tu hijo. Y algo muy importante: la crema dental con flúor no se debe usar sino hasta que el niño cumpla dos o tres años, según lo recomiende el dentista de tu hijo.

¡OJO! EVITA LA "BOCA DE BIBERÓN"

Es esencial evitar que el bebé se quede dormido con la mamadera llena de leche, ya que ello fomenta la aparición de lo que se llama "boca de biberón," que daña los dientes del niño y los hace parecer negros. Ocurre durante los dos primeros años de edad, cuando las azúcares de la leche, jugo o fórmula se mezclan con bacterias mientras el bebé duerme. Es un daño irreparable. "Por eso es muy importante que los papás sepan que no pueden dejar dormir a su niño con el biberón en la boca," advierte la dentista Ortíz.

Claro que la advertencia también corre para los bebés que toman pecho. Si después de la última toma de la noche el niño se queda con los azúcares de la leche materna, sus dientes también corren peligro. Idealmente, el bebé debe tomar un poco de agua para enjuagarse los dientes o la madre puede limpiarlos suavemente con una gasa.

Si tu bebé necesita tomar un biberón cuando hace siesta o duerme en la noche, la experta en higiene dental Karina Batievsky recomienda llenar la mamadera (tetero o mamila) con agua en vez de leche, fórmula o jugo. Pero lo que es más importante: nunca des un chupete bañado en azúcar o dejes que el bebé tome jugo que ha estado varias horas en un biberón o vaso entrenador. ¿La razón? Le estarías abriendo la puerta a las caries al estar bañando los dientes en azúcar.

Además, aconseja nunca darle un biberón con agua azucarada o jugos con alto contenido de azúcar, aun antes de que le salga el primer diente, ya que es muy fácil que se acostumbre a dichas bebidas, que no tienen ningún aporte nutricional.

El Chupete ¿Daña los Dientes?

Por lo menos en esta etapa de tu bebé, puedes dejar que use un chupete (chupón, tete o pepe) para calmarse y satisfacer su necesidad instintiva de succionar. Los diseños actuales muchas veces son más anatómicos y no provocan deformaciones.

El problema surge más adelante. Mientras más tiempo pase, tu hijo puede depender más y más del chupete para calmarse. Por eso muchos expertos recomiendan tratar de eliminar el chupón al año o máximo a los dos años. Además, si el niño está con el chupete todo el día, puede demorarse en hablar. Por otra parte, pasados los dos años sí pueden empezarse a producirse deformaciones en la mordida del niño o incluso protusión de algunos dientes, según la odontóloga argentina Mónica Viviana Trenes.

¿Qué Pasa Si Tu Hijo Se Chupa el Dedo?

Muchos padres se preocupan más todavía si su bebé se chupa el dedo y tratan (infructuosamente en la mayoría de los casos), de quitarle el pulgar de la boca a su pequeñín cada vez que pueden. Lo que hay que tener claro es que es muy normal que un infante quiera succionar algo y que lo más conveniente para él, será su dedo.

Según la Academia Estadounidense de Dentistas Pediatras, es algo normal y la mayoría de los niños dejan de chuparse el dedo para cuando cumplen dos años.

Para cuando tu hijo cumpla dos años conviene que deje hábitos como el chupete o chuparse el dedo.

Sólo cuando llega el cuarto cumpleaños hay que preocuparse, por el posible daño a la mordida o porque se puede afectar el alineamiento de los dientes. En esos casos, lo mejor es consultar a un ortodoncista infantil o dentista especializado en niños.

Todobebé Resumen: Cuida la Sonrisa de Tu Bebé

Cuando tu bebé cumpla cerca de seis meses, puedes notar que está irritable, con las encías hinchadas y con ganas de morder lo que encuentre. Para aliviar las típicas molestias de la dentición:

- Fortalece las encías limpiando la boca del bebé con una gasa.
- Si tu pediatra lo aprueba, dale un analgésico suave.
- Aplica una crema o gel con un anestésico local. Consulta al pediatra y sigue estrictamente la cantidad a aplicar.
- Ofrécele a tu pequeñín sonajeros o anillos que se enfrían en la refrigeradora que tengan bordes suaves y que sean lo suficientemente grandes para que el niño no se atragante.

Una vez que aparezcan los dientes, debes cuidar la sonrisa de tu hijo. Aquí tienes algunos consejos:

- No dejes que tu bebé se duerma con un biberón con leche, fórmula o jugo.
- Después de darle de comer, limpia sus encías con una tela suave y húmeda, o una gasa sujeta la gasa con firmeza para que el bebé no se atragante con ella.
- Cepilla sus dientes después de las comidas, pero no dejes que juegue con el dentífico o que lo ingiera.
- No uses dentífricos con flúor hasta que lo apruebe el pediatra o dentista.

Y recuerda: la mejor manera para que tu hijo aprenda un hábito como la buena higiene dental es la imitación, así que ¡cuida tu sonrisa también!

once

Otros Temas que Preocupan a los Padres

En este capítulo: Los Celos—Dejar al Bebé con Otros—¿Quién Cuidará de Tu Bebé?—Ser Mamá y Profesional… Sin Sentirse Culpable

Como ya habrás escuchado demasiadas veces, ser padres no es nada fácil. Más allá de la salud de nuestros hijos, lo único que queremos es verlos felices. Por eso sufrimos mucho con algunos temas que vemos que afectan mucho a nuestros niños sin importar la edad que tengan, como los celos entre hermanos, el hecho de dejar al bebé al cuidado de otras personas o la cuestión de regresar a trabajar en el caso de las mamás. Este capítulo tratará de aliviarte la angustia.

Los Celos

No podíamos dejar de tocar este tema porque si tienes un hijo mayor o planeas tener más bebés, es imposible escapar a los celos entre hermanos. Se pueden manifestar de diferentes maneras, pero es un hecho que el hijo mayor siempre va a sufrir cuando se da cuenta de que de ahora en adelante tendrá que compartir la atención de sus padres con otro ser.

No te extrañes si tu niño empieza a portarse mal, si olvida decirte que necesita ir al baño o comienza a tener ataques de rebeldía con el fin de llamar la atención. "Esta es su manera de llamar tu atención durante este tiempo en que se siente desplazado," explica la doctora en psicología Helena Duch.

Como me lo dijeron muchas amigas, no se puede pretender algo diferente. Es como si tu esposo llegara a la casa con su querida y te anunciara que de ahora en adelante vivirán todos juntos en la misma casa y encima de todo eso tendrás que querer a la amante y entender que tu esposo no siempre te prestará atención. ¿No estarías enojada? ¿No sentirías melancolía por los tiempos pasados en que tu esposo sólo se preocupaba por ti? Bueno, así se siente el hijo mayor cuando le llega un hermanito (o una hermanita).

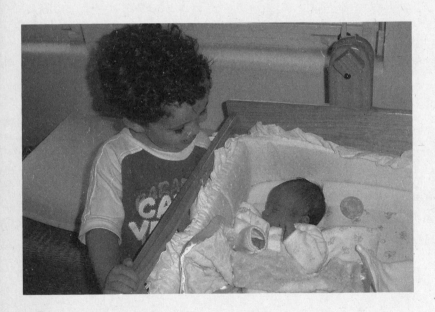

El primer encuentro entre hermanos está lleno de muchas emociones y curiosidad para el hijo mayor.

Cuando di a luz a mi segunda hija, incluso me sentía culpable por hacer sufrir a mi hijo mayor. El día del parto no dejaba de pensar en él y rogué porque me perdonara. Otra amiga lloraba mientras amamantaba a su segunda hija, no de dolor sino de tristeza al ver a su niña mayor con lágrimas en los ojos cuando mamá no podía atenderla.

Pero no hay que olvidar que tener un hermano puede ser el mayor regalo que le hagamos a nuestros hijos. Por eso, lo primero es comprender al más grandecito para ayudarlo a aceptar e incluso disfrutar del hecho de no ser hijo único. Claro que habrá resistencia al principio, que se puede demostrar de diferentes maneras, ya que los celos se materializan a veces con pataletas, rabia, tristeza, cambios en los patrones de alimentación y sueño o incluso en comportamientos regresivos (por ejemplo, el niño mayor quiere biberón o chupete).

Para la terapeuta familiar mexicana Hereri Contreras, esto es algo normal. "Los celos que le tiene el hermano mayor al bebé nuevo es algo típico que pasa en todos los hogares," señala la psicóloga. "Es una reacción natural de todos los seres humanos." Más que nada, porque el hijo mayor siente temor a ser desplazado. "Es bien importante que sepan que el cariño no se va a perder, que cada uno tiene su lugar especial," explica Hereri Contreras.

Como señala la Dra. Gilda Moreno, psicóloga del Miami Children's Hospital, "todos los cambios son difíciles, ya sea para los adultos o para los niños." La Dra. Moreno incluso especifica que hasta en cierta medida "la agresividad hacia el nuevo bebé es algo normal y natural porque el niño se siente desplazado, y siente que va a dejar de ser la persona más importante en esa familia." Por ello, en esta etapa es muy importante no dejar solos a los hermanitos para evitar accidentes.

Aunque el hijo mayor haya dejado hábitos como el biberón, suele pedirlo de nuevo al ver que sus padres dan leche al bebé.

Aunque los primeros meses suelen ser los más difíciles, la edad del hijo mayor influye mucho en cómo manejar la nueva situación en el hogar. Hay ciertas etapas que pueden ser más complicadas, por ejemplo, cuando está entre los dos y tres años. En estos casos, es posible que tu hijo no esté preparado para la llegada de un nuevo hermanito, simplemente porque no tiene la madurez intelectual suficiente para entender este novedoso acontecimiento en su vida.

Claro que para algunos es más duro que para otros. Según rememora Natalia Dangond, a su hija mayor la llegada de su hermanita le produjo un impacto muy profundo. "Le afectó muchísimo al punto que me rechazó a mí y la bebé durante dos días." Otras mamás dicen que pareció no afectarle tanto el nacimiento del bebé al hijo mayor, pero que con el pasar de los días, vieron cambios en el carácter de su primogénito.

TODOBEBÉ TIPS: CONSEJOS PARA FACILITAR LA ADAPTACIÓN

Es importante vincular al hijo mayor en la rutina del recién nacido para que se cree una relación entre ambos y así serán buenos amigos cuando crezcan. Aun cuando se lleven muy poco tiempo, el mayor puede ayudar a traer cosas para cambiarle el pañal al bebito.

Otros consejos para hacer más fácil el proceso de aceptar un nuevo integrante en la familia son:

Esta mamá combate los celos de su hija mayor involucrándola en el cuidado de la bebita.

- Deja que tu hijo te visite en la clínica después del nacimiento.
- Intenta que cuando te venga a visitar al hospital no tengas muchos familiares o amigos, para que realmente puedas dedicarle un tiempo especial a él o ella.

todobebé

- Si tu hijo mayor es pequeño, dale un regalo de parte del bebé, pero si es mayorcito, es mejor que el obsequio se lo den los padres, ya que de otra manera sentirá que lo están engañando.
- Asegúrate de halagarlo cuando los demás halagan al bebé. Imagínate cuantas veces va a oír "¡Qué bebé más lindo!" Anima a tu familia y amigos a que lo halaguen a él también cuando hablen del bebé.
- Dedica un tiempo exclusivo para cada uno de tus hijos que incluya muchas demostraciones de cariño y momentos en que les prestes toda tu atención y juegues con ellos.
- Pide a los abuelos o a otra persona cercana a tu hijo mayor que lo lleven al zoológico, al cine, a comer un helado, o a hacer algún tipo de actividad.
- Mientras alimentas a tu bebé recién nacido, cuéntale una historia a tu hijo mayor.
- Deja que tu hijo mayor participe en las conversaciones referentes al tema del nuevo hermanito.
- Desarrolla actividades que involucren a tu hijo mayor con el nuevo bebé, en las cuales tu hijo mayor tenga contacto cercano con su nuevo hermanito.
- Préstale más atención de lo usual a tu hijo mayor para que no se sienta desplazado.

Todos en la familia vivirán un proceso de adaptación frente a la llegada de otro integrante.

Lo más importante es demostrarle una y otra vez al mayor que siempre habrá mucho amor para darle y que compartir con su nuevo hermanito es algo muy bueno, y que te hace feliz. Y ten claro que con el tiempo la relación entre hermanos se basa más en amor que en cualquier otra cosa. "Hoy en día es una relación preciosa, son las mejores amigas," recalcó Natalia.

DIEZ CONSEJOS PARA EVITAR LOS CELOS CUANDO LLEGA UN HERMANITO

La doctora en psicología de la universidad de Nueva York Pamela Sandler nos ofrece estos diez consejos para evitar los celos ante la llegada de un hermano (no están en orden de importancia):

1. Dependiendo de la edad de tu hijo, debes decidir cuándo contarle que estás embarazada y que llegará un nuevo bebé. Los más pequeños (de uno a tres años) no entenderán mucho si les cuentas sobre el bebé a comienzos del embarazo. A esta edad, el niño no entenderá lo que sucede sino hasta que el bebé llegue a casa contigo. De todas maneras, es muy importante hablar con ellos y explicarles cómo tu cuerpo va cambiando, dejarlo jugar y explicarle la situación, aunque quizás no entiendan del todo lo que va a suceder hasta que el bebé llegue a casa.

2. Antes de que nazca tu bebé, puedes preparar a tu hijo dándole una muñeca que parezca un bebé para que la cuide. Usa tu imaginación y dale la oportunidad de que juegue con el bebé "de mentira," cambiándole el pañal, alimentándolo, recostando la muñeca para que se duerma, vistiéndola y siendo muy suave con el bebé.

3. Compra libros que hablen de hermanos y de un nuevo bebé. En español hay tres libros muy buenos de Mercer Mayer: *La Hermanita de Franklin, La Nueva Hermanita de Francisca* y *El Nuevo Bebé.*

4. Es importante explicarle a tu hijo qué sucederá cuando llegue el momento de dar a luz, por ejemplo, por qué la abuelita se quedará cuidándolo o decirle que lo llevarás a la casa de su tía mientras mamá va al hospital. Si el niño puede ir al hospital o centro de maternidad es importante decírselo. Si sus rutinas van a cambiar, hay que preparar al niño. Los niños pueden manejar los cambios siempre y cuando estén preparados.

5. Si das a luz a tu segundo hijo en el mismo momento en que estás tratando de enseñarle al mayor a que deje de usar pañales, si estás cambiándolo de la cuna a una "cama de grandes" o tratando de quitarle el biberón o el chupete, ¡piénsalo dos veces antes de hacerlo! Es muy difícil que un niño pequeño progrese al siguiente nivel de desarrollo al mismo tiempo que aparece un nuevo bebé en el panorama. En verdad, quizás te des cuenta de que tu pequeñín incluso retrocede un poco cuando el bebé nace. Trata de mantenerte firme con tus expectativas, ¡pero no seas muy estricta con tu hijo! Recuerda cuánto ha cambiado su vida (sin que sea su culpa) con la llegada del bebé.

6. Dicho eso, es muy importante tratar de mantener las rutinas del hijo mayor, a pesar de la cantidad de tiempo y atención que requiere el nuevo bebé. Los grupos de juego, clases, escuela, comidas, hora del baño y la hora de ir a la cama deben seguir el mismo horario.

7. Permite a tu hijo mayor tomar un rol activo en la vida del bebé. Por supuesto que hay que enfatizar que sea "suave con el bebé," pero también es importante integrar al bebé a la vida familiar, lo que ayuda a crear una relación positiva entre el niño y el bebé. Deja que tu hijo mayor ayude con la alimentación, el baño u otros cuidados del bebé. Muchas veces cuando no se logra calmar al bebé usando métodos tradicionales,

(continúa)

los hermanos mayores (haciendo muecas, cantando o boberías) sí lo consiguen.

8. Cuando llega un nuevo bebé al hogar, tu hijo se va a sentir desplazado. No hay manera de evitarlo. Los bebés requieren de mucha atención y los niños necesitan de todavía más atención cuando nace el bebé. Es importante hallar momentos en que puedas estar a solas con tu hijo mayor, momentos durante el día o la semana en que tu hijo sienta que te tiene para él solito.

9. A veces los niños desplazados por un nuevo bebé cambian su comportamiento. Pueden tener pataletas sin ninguna razón obvia. Pueden molestar al bebé, pareciendo en un principio ser cariñosos pero en realidad siendo agresivos. Es importante colocar límites al comportamiento del hermano mayor si sientes que está actuando de manera inapropiada o peligrosa. Además, es importante aclararle al niño de que este bebé ¡no se va a ir a ningún lado!

10. Finalmente, para la mamá de dos o más niños: piensa en tu propia niñez. ¿En qué lugar naciste? ¿Eres la menor o la hija del medio? ¿La mayor? ¿Te acuerdas de cuando nacieron tus hermanos o cómo te trataban tus hermanos mayores? Tus respuestas a estas interrogantes son muy importantes para comprender tu propio estilo de ser madre. Necesitas ser consciente de tus sentimientos referente a estos temas para que seas considerada a la hora de lidiar con tus hijos. Si fuiste la menor, ¿sientes que tus hermanos mayores te cuidaban bien? Si eres la mayor, ¿tuviste resentimientos cuando nació tu hermanito(a) menor? Entre más abierta seas contigo misma, estarás mejor capacitada para lidiar con tus propios hijos.

La relación entre hermanos se estrecha cuando el mayor entiende que el bebé forma parte de la vida familiar.

Dejar al Bebé con Otros

Este es un tema doblemente complicado. Por un lado están los sentimientos contradictorios que tenemos las madres cuando dejamos a nuestros bebés y por otro, la preocupación constante acerca dela calidad de los cuidados que recibirá nuestro pequeñín mientras no estamos con él. Si a eso le sumamos la ansiedad que demuestran los bebés a partir de los seis meses de edad cuando se separan de sus padres, la situación puede provocar mucha angustia. Vamos paso a paso para que no te abrumes.

¿Qué es la ansiedad de separación?

Cuando nuestro bebé nos reconoce y recompensa nuestra presencia con risas y gorjeos, nos llenamos de felicidad. Conforme pasan las semanas, se da más cuenta del placer que le causa nuestra compañía y seguramente sentirás totalmente correspondido el amor que profesas por tu pequeñín.

Sin embargo, esta capacidad de reconocimiento tiene otra manifestación. Cuando no estamos junto a nuestro bebé, nos extraña y se molesta. Es más, reclamará la presencia de mamá o papá apenas se dé cuenta que nos hemos alejado o incluso cuando nos proponemos irnos de su lado. En el mejor de los casos, el llanto será leve, en el más grave, puede ser desgarrador.

Además, a esto hay que sumarle el temor a los desconocidos que empiezan a sentir los bebés a medida que van creciendo. Estar frente a algo o alguien que no le es familiar, puede provocarle mucha angustia al niño.

Esta ansiedad que siente el bebé al separarse de sus padres es normal, sobretodo alrededor de los seis o siete meses, pero es muy difícil de sobrellevar. "En esta edad, los niños sienten que

Cuando dejes a tu bebé al cuidado de otra persona, despídete y asegúrale que pronto vendrás.

cuando mamá o papá se van, es para siempre. Todavía no entienden que la persona va a volver," explica la psicóloga Helena Duch. Es común que las madres se sientan muy culpables de dejar a sus niños cuando se despiden, aun para ir sólo unos minutos al supermercado. Saber que es parte del desarrollo emocional no sirve mucho de consuelo, especialmente si consideramos que esta angustia de separación no empezará a superarse sino hasta finales del segundo año de vida.

TODOBEBÉ TIPS: CONSEJOS PARA ALIVIAR LA ANSIEDAD DE SEPARACIÓN

¿Qué hacer para disminuir la angustia de separación? Aquí tienes algunas ideas:

- Cuando tengas que salir, despídete de tu hijo, pero de manera breve y tranquila.
- No intentes salir sin despedirte, esto es todavía más impredecible para tu pequeñín.
- Dile a tu bebé que te irás un rato pero que vas a regresar.
- Intenta no demostrar los nervios o temores, ya que tu bebé se dará cuenta y los reflejará.
- Pídele a quien va a cuidar a tu niño que le demuestre mucho afecto mientras te despides y que lo distraiga cuando te hayas ido.
- Puedes dejar una foto tuya o un objeto de consuelo

Los primeros días en la guardería son difíciles para ti y para tu hijo(a). Habla con la encargada del grupo y pídele mucho apoyo.

que a tu bebito le guste (como una mantita con tu olor) durante tu ausencia.

- Prepárate cuando vayas a salir para no tener que volver. Tus entradas y salidas sólo empeorarán la situación.
- Recuerda que tu pequeñín dejará de llorar a los pocos minutos, así que no te sientas culpable por dejarlo. Siempre puedes llamar al cabo de un rato y verás que todo está bien.

Muchas veces son nuestros propios sentimientos los que más dificultan el proceso. Si te sientes triste o culpable, no dudes en llamar a tu compañero o a amigos para charlar acerca de tus sentimientos.

¿Quién Cuidará de Tu Bebé?

Llegado el momento en que tengas que salir y dejar a tu bebé al cuidado de otra persona, seguramente te preocupará que esté lo mejor posible. Cuando contamos con la dicha de tener a nuestra mamá u otro familiar de confianza cerca que nos pueda echar una mano, tenemos la tranquilidad de que a nuestro hijo no le faltará nada.

Sin embargo, es una realidad que cada vez las familias se dispersan más. Por lo tanto, cuando nos vemos ante la realidad de tener que dejar a nuestro bebé, es muy probable que tengamos que optar por una niñera o guardería. La elección de la persona o el lugar es crucial para tu tranquilidad, pero más que nada, para el bienestar de tu chiquilín.

Consejos para elegir una guardería

Elegir una guardería puede llegar a ser muy difícil. Necesitas encontrar una que te quede cerca de tu hogar o lugar de trabajo, que se acomode a tu horario, que siga patrones similares a los tuyos acerca del cuidado de tu bebé, que se vea limpia y te inspire confianza. Por ejemplo, Claudia Correa, madre de dos niñas cuenta que "los factores principales que buscaba en una guardería para mis hijas eran seguridad e higiene."

Pero por otro lado también necesitas que:

- Esté acreditada por el estado o la ciudad. Al tener una licencia, sabrás que sigue las normas mínimas en cuanto a higiene y seguridad.
- Tenga una proporción adecuada de adultos respecto a los niños. Debe haber por lo menos un adulto por cada cuatro niños, pero para menores de un año, es mejor que haya aún más personal.
- Puedas visitar el lugar cuando quieras.
- Los niños estén divididos por edades.
- Tomen al bebé en brazos cuando le den de comer. Evita los lugares donde den los biberones sin contacto humano.
- Tengan juguetes apropiados para las diferentes edades y que estén en buen estado.
- Haya una rutina establecida con horarios para las diferentes actividades.
- Los cuidadores puedan explicarte el porqué de sus rutinas y actividades, y cómo van a beneficiar a tu niño.
- Que te guste la manera en que cuidan a los niños.
- Los cuidadores tengan acreditaciones y credenciales adecuadas.

Esto es muy importante. El Dr. Jesús Abilio Rodríguez, psicólogo y encargado de los Head Start de Miami, aclara que "muchas personas piensan que por que una persona ya ha tenido un hijo ya eso lo califica para cuidar el niño de otro, y no es cierto, uno debe recibir una preparación especial."

También ten en mente que es muy importante preguntarle a conocidos o amistades acerca de las guarderías que consideran mejores. Sin embargo, no sólo debes guiarte por los comentarios de los demás. Es esencial que visites el lugar, converses con quienes trabajan allí, con otras madres que estén dejando a sus niños y que veas

Revisa con detenimiento cada detalle para asegurarte de que te sientes a gusto con el centro de cuidado infantil de tu hijo(a).

las caras de los bebés. Si lo que veste inspira confianza, ¡adelante e inscribe a tu bebé!

Los centros de cuidado infantil pueden ser muy caros. Si vives en EE.UU. y no puedes costear una guardería, existen alternativas a tu alcance. Se llaman Early Head Start (de recién nacidos a tres) y Head Start, que acepta niños de hasta cinco años y "es un programa que está pagado por el gobierno federal para proveer esos servicios a familias de bajos ingresos," señala el Dr. Jesús Abilio Rodríguez. Para encontrar uno en tu ciudad, puedes llamar al 1-866-763-6481.

LISTA: QUÉ LLEVAR EN EL BOLSO DE PAÑALES DE TU BEBÉ CUANDO LO LLEVAS A LA GUARDERÍA

Aquí tienes algunas sugerencias en caso de que decidas llevar a tu bebé a una guardería. Es posible que el personal de la guardería te de una lista, pero puedes usar ésta como guía:

- Bolso con el nombre del bebé y de los padres
- Biberones
- Fórmula láctea con indicaciones de cuántas onzas o mililitros darle a tu bebé
- Si das leche materna a tu niño, envases con leche materna congelada o refrigerada marcados con tu nombre e instrucciones
- Pañales
- Toallas húmedas desechables (*baby wipes*)
- Cambios de ropa (tres como mínimo); no te olvides de marcarla con el nombre de tu bebé

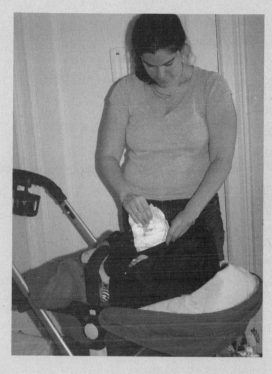

- Baberos
- Chupetes (chupones), si tu hijo usa
- Mantas o cobijas
- En algunos centros de cuidados infantiles también exigen ropa de cama para la cuna o corral

Si ya come sólidos:

- Cuchara para darle de comer al bebé
- Frascos de compota o alimentos especiales para bebés (colados)
- Vaso entrenador (*sippy cup*)

Si tu hijo tiene alguna alergia, indícalo en todos sus contenedores de comida y asegúrate de hablar con su cuidadora.

Recomendaciones a la hora de elegir una niñera

Quizás trabajas muchas horas a la semana o tienes más de un niño. O necesitas que te ayuden con los quehaceres del hogar. En esos casos, si tu presupuesto aguanta (porque esta opción sí cuesta mucho dinero), te puede convenir contratar una niñera para que cuide a tu pequeñín. Ya sea por algunas horas, días o semanas, una niñera te puede dar mucha tranquilidad mental y no tendrás que estar corriendo para llegar a la guardería antes que la cierren.

Cuando tengas que entrevistar niñeras, revisa sus referencias para verificar las razones por las que han dejado sus empleos anteriores y averiguar cuáles son sus puntos fuertes y debilidades. Busca a alguien responsable, que valore la higiene, demuestre conocimiento acerca del desarrollo infantil y afecto por los niños. También es importante que tenga paciencia, ya que estar al cuidado de un bebé puede llegar a ser agotador. Y algo muy importante: debes tener "química" con la persona que tendrás en casa cuidando de tu tesoro más preciado. Eso hará que la relación fluya mejor y contribuirá a tener una mejor comunicación.

Si utilizas una agencia para encontrar una niñera, ten en mente que las más respetables cobran una cuota de inscripción por usar sus servicios. Pregunta siempre antes de entrevistar a alguien cuánto tendrás que pagar y pide que te den un recibo de lo que estás pagando para evitar malos ratos posteriores.

Una vez que contrates a la niñera, lo mejor es organizarse y hacerle una lista con instrucciones para que cuide a tu bebé de la manera que a ti te gusta. Trata de ser lo más clara y específica posible para que no te sientas desilusionada después. No des por obvio nada. Si no deseas que use su teléfono celular mientras trabaja en tu casa, díselo. Y recuérdale las precauciones básicas dc seguridad que hay que tener con un bebé: no dejar recipientes con agua al alcance de un bebé que gatea, voltear hacia dentro los mangos de las cacerolas para que el bebé no los pueda agarrar, jamás sacudir a un niño, dejar medicamentos y líquidos de limpieza fuera del alcance de tu hijo y siempre amarrar al bebé con las correas de seguridad cuando esté en su silla de comer, coche de paseo (o carriola) o silla para el automóvil. Algunas familias quieren que sus niñeras tomen un curso de primeros auxilios. Estos cursos pueden hacerse en la Cruz Roja y son muy valiosos tanto para padres como para cuidadores.

Ser Mamá y Profesional... Sin Sentirse Culpable

Cada vez más mamás trabajan y las latinas no son la excepción, lo cual trae conflictos en la vida profesional y personal. Según una encuesta que Todobebé hizo con más de 5700 mujeres de EE.UU., Latinoamérica y España en el 2003, el 57 por ciento encuentra difícil compatibilizar su profesión con su rol de madre, y el 56 por ciento dijo que si pudiera, dejaría de trabajar para quedarse en casa.

Cuando se les consultó sobre qué era lo más importante para ellas, el 52 por ciento de las madres señaló que su prioridad es disfrutar del mayor tiempo de

---

LISTA CON NÚMEROS ÚTILES PARA LA NIÑERA

- Me puede localizar en el número: _____
- Si no me logra localizar, llamar a: _____
- Otros números de teléfono importantes: _____
  _____
  _____
- Número de los bomberos: _____
- Número de la policía: _____
- Nombre y número del pediatra: _____
- En caso de envenenamiento, llamar al 1–800–222–1222
- Instrucciones especiales: _____
  _____

---

calidad con sus hijos. Casi el 35 por ciento dijo que la prioridad es poder combinar de manera balanceada su profesión con la familia.

"No es fácil llevar a cabo los distintos roles de ama de casa, profesional y pareja, lo que suele provocar muchas preocupaciones en las mujeres y una sensación de no poder cumplir con todas sus responsabilidades," explica la psicóloga mexicana y terapeuta familiar Hereri Contreras.

TODOBEBÉ TIPS: CONSEJOS PARA MAMÁS QUE TRABAJAN

- Demuestra interés en las cosas que son importantes para tu hijo, por más chiquito que sea.
- Haz una lista de prioridades.
- Organízate al máximo.
- Deja listo desde la noche anterior el bolso para la guardería o las instrucciones para la niñera.
- Elige tu ropa y la de tu bebé la noche antes para que no tengas que correr en la mañana.
- Acepta ayuda.
- No creas que eres mala madre por trabajar; piensa en las cosas buenas que obtiene tu familia con tu esfuerzo.
- Marca en un calendario las fechas importantes como los cumpleaños, las juntas de la escuela o las visitas al dentista, así no se te olvidarán.

Lo increíble es que no me pasa sólo a mí. Luego de conversar con muchas mujeres, me doy cuenta de que casi todas sentimos en algún momento que no logramos desempeñar nuestros múltiples roles de la manera en que deberíamos.

Y lo más interesante es que nosotras mismas nos imponemos metas inalcanzables porque es imposible dedicarse al bebé, a trabajar, a tener la casa impecable, a hacer vida social y a ser una esposa romántica. Algunos días nos concentraremos más en un aspecto, otro día en otros, lo importante es no descuidar las distintas facetas de nuestras vidas.

MI EXPERIENCIA COMO MAMÁ QUE TRABAJA: LIBERÉMONOS DE LAS CULPAS

Toda mi vida he tenido una tendencia innata a sentirme culpable por algo. Cuando era chica, por no ser buena hija. De adolescente, por tener más comodidades que la mayoría de la población mundial. En la universidad, por no haber estudiado más. En fin, por suerte llegó un punto en que asumí que no podía pretender hacer todo lo que quería ni darle el gusto a todos. Creí que esto era signo de madurez y que en vez de desperdiciar energías en culpas inútiles, el resto de mi vida me dedicaría a hacer las cosas lo mejor que pudiese y a disfrutar lo que lograra.

Obviamente, me equivoqué. No contaba con las múltiples presiones que enfrentaría al convertirme en mamá y cómo se traducirían en más sentimientos de culpa. Culpable de estar cansada. Culpable de querer abandonar la lactancia (y por ende, me sentía mala madre). Culpable del llanto del bebé. Culpable de no dedicarle tiempo a mi esposo. Culpable de volver al trabajo. Culpable de estar concentrada en mi hijo cuando debería concentrarme en la computadora.

Y no hablemos de las culpas impuestas por nuestro entorno. Dependiendo de dónde vivimos, lo más probable es que el primer debate y cuestionamiento surja por la manera de alimentar a nuestro bebé.

"¿Cómo puede ser que no le hayas dado pecho?" le dicen a la que da fórmula, haciéndola sentir como mamá de segunda categoría. "Parece que tu leche no es buena, porque veo a tu hijo muerto de hambre," le dicen a la que da pecho. O de manera más sutil, le dicen: "¿Le vas a volver a dar?"

Otros ejemplos notables de que nunca se puede complacer a los demás: "¿Estudiaste una profesión para dejar colgado el título en la pared?" le dicen a la que decide quedarse en casa para criar a sus hijos (algo que implica mucho trabajo, contrario a lo que piensan algunos). "Los hijos debieran ser criados por la madre" o "no sé qué haces en la calle todo el día cuando debieras estar cui-

(continúa)

dando a tu hijo," le dicen a la mamá que por necesidad económica o profesional regresa al mundo laboral.

Al final, creo que hay que asumir que no podemos ser una supermujer que logre hacerlo todo bien. Hay que aprender a relajarse, a valorar nuestros esfuerzos y a lograr que los comentarios de los demás nos resbalen. Pero más importante todavía, creo que la clave está en hacer las paces con nosotras mismas y entender que si estamos esforzándonos al máximo para que las cosas resulten lo mejor posible, eso es lo que vale. Especialmente si estamos compartiendo todo el amor que tenemos dentro de nosotras.

doce

Cuando Crías a Tu Hijo sin Su Papá

En este capítulo: La Dura Realidad—Mirando al Futuro: Cuando Tu Hijo te Pregunta por Su Papá

Muchas mujeres se enfrentan a la maternidad sin tener a su lado al padre de su bebé. Las mamás solteras y las que están criando solas a sus hijos tienen sobre sus hombros una responsabilidad muy grande, que en los primeros meses de vida de un bebé puede ser abrumadora.

Antes que nada, sabemos que no es nada fácil. A veces es agobiante tener tantas responsabilidades y más aún cuando se tiene que compartir el tiempo que se le dedica al hijo con el trabajo y los quehaceres del hogar.

"Ser mamá soltera es un reto porque uno tiene que hacer el papel de papá y mamá al mismo tiempo," afirma Susana Austrich, madre divorciada de una niña. "Uno tiene que pensar en el aspecto económico, en la educación, en el aspecto moral y en lo que los niños van a hacer en el futuro."

Lo más importante es cuidarte a ti misma para que puedas cuidar de tu hijo. Si tú estás mal, eso va a repercutir en el ánimo e incluso en la salud de tu bebé. Por lo tanto, es fundamental que aprendas a manejar las responsabilidades y a darte cuenta de que no puedes ser perfecta en todo. Tal como lo señala la Dra. Rosaly Correa de Araujo, una madre soltera debe ser especial, una gran mujer, para poder suplir el afecto que su hijo no está recibiendo del padre ausente.

"Las mamás solteras tienen que mantener a sus niños solas, tienen que ir a trabajar y aparte de eso entonces tienen que hacer el papel de papá y mamá," explica Gilda Moreno, psicóloga del Miami Children's Hospital.

Algo muy agotador para una sola persona. Lourdes de Alba lo sabe bien. Se acumula el cansancio de un problema tras otro, sin compartirlo, o sea yo sola con todo," confiesa esta joven mamá.

Por esto, debes estar atenta a los signos de la depresión posparto que describimos en otro capítulo. El cansancio, unido a las múltiples exigencias a las que te ves enfrentada como una mamá sola, te puede dejar muy vulnerable a tener problemas de salud.

La responsabilidad financiera a veces puede ser angustiante para las madres que crían solas a sus hijos.

La Dura Realidad

Independiente de si el padre está o no involucrado de alguna manera, necesitas enfrentar ciertas realidades por el bien de tu hijo. Tú y él son una familia, viva o no el papá con ustedes. Cada familia es distinta y puede definir cómo quiere manejar su vida familiar. No dejes que los prejuicios ajenos o que otras personas te digan cómo debes vivir tu vida o cómo criar a tu hijo… aun si son bien intencionados.

Es muy bueno aprender a organizarse para maximizar el poco tiempo del que dispones. También hay que ser ordenada con las finanzas. Para Victoria Eugenia

Correa, justamente eso ha sido muy difícil. "El reto mío ante todo era la parte económica, saber que yo con mi trabajo podía hacerlo sola para poder darle todo a mi hija sin tener que contar con la ayuda de nadie," relata esta madre soltera.

Para cuidar la parte económica, trata de tener este orden de prioridad:

1. Ahorros para emergencias del niño y tuyas
2. Una cuenta de retiro para tu futuro
3. Ahorros para los estudios de tu hijo

Sin embargo, si no logras ahorrar lo que deseas en este momento, no te agobies. Tener un recién nacido trae consigo muchos gastos. Lo importante es que tengas la meta de gastar menos de lo que ganas, para tener una cierta tranquilidad en el futuro.

Por otra parte, aunque suene trágico, debes pensar en qué sucedería con tu hijo si algo te pasa. Por ejemplo, trata de obtener algún tipo de seguro que lo deje como beneficiario y elige a alguien de confianza para que sea su tutor (o guardián) legal. Deja todo establecido por escrito, preferiblemente ante un notario público para que después no aparezca algún oportunista que se aproveche de tu hijo en caso de que tú dejes de estar a su lado.

TODOBEBÉ TIPS: CONSEJOS PARA MAMÁS SOLAS

Otros consejos útiles si estás criando sola a tu bebé:

- Deja de sentirte culpable por todo. Tu hijo quiere verte feliz. Si te ve triste y temerosa, vas a transmitirle inseguridad.
- Reconoce tus limitaciones. No puedes ser mamá y papá a la vez. Sólo trata de ser la mejor mamá dadas las circunstancias. Cuando haya temas que no puedas maneja, trata de averiguar lo más posible por otros medios, en libros o si se trata de temas masculinos, a través de conversaciones con otros hombres para saber qué responder.

- Busca apoyo. No tienes que hacer lo todo sola. Si tu familia no te apoya o si vive lejos de ti, busca apoyo entre amigos, vecinos u otros padres cuyos hijos van a la misma guardería o escuela que tu chiquilín.
- Cuando te critiquen o hagan un comentario pesado sobre las madres solteras, corrige a esa persona, con cortesía pero de manera directa. Si tú te respetas, los demás también lo harán.

Y no olvidemos que los hombres de alguna manera deben tener una presencia en la vida de tu hijo. "Una recomendación es que la madre busque una relación masculina que sea estable en la vida del hijo," aconseja la psicóloga venezolana Inés Estela. "Puede ser un padrino, un tío, un abuelo, un buen amigo con el que el niño desarrolle una relación estable y profunda y con quien pueda identificarse."

"Si bien la imagen de un hombre es importante, esta imagen debe ser positiva. No se trata de que haya un hombre sino un buen modelo, un ejemplo," recalca la Dra. Ana Nogales. "Por otro lado, se ha comprobado que los hijos que se crían sin papá y sin ese modelo, encuentran solos el modelo que necesitan, ya sea en los papás de sus amigos, en algún vecino o hasta en la televisión."

En el último capítulo de este libro encontrarás números de teléfono que te pueden ser útiles para encontrar apoyo, ya sea emocional o económico.

Es importante que haya una figura masculina presente en la vida de tu hijo.

Mirando al Futuro:
Cuando Tu Hijo te Pregunta por Su Papá

Tu hijo no se quedará en pañales para siempre y surgirán nuevos desafíos para ti como madre soltera. Los bebés crecen y empiezan a darse cuenta de su entorno. Puede ser que en la escuela vea que otros niños tienen papá y él no. Ahí empiezan las preguntas. Entre más chicos son, más básica debe ser la respuesta. Por ejemplo, si tu hija de cuatro años te pregunta "¿Dónde está mi papá?," no es necesario explicarle que su padre las abandonó o que se fue con otra, sino decirle "Tu papá vive fuera de la ciudad," "Papá no vive aquí porque vive en otra casa más cerca de su trabajo" o "No sé donde está tu papá porque hace mucho tiempo que se fue de viaje."

Cuando son mayores, las cosas se complican. Antes de hablar del tema, evalúa qué sientes hacia el padre de tu hijo. Trata de ser objectiva y separar los hechos de tus sentimientos. Si crees que no puedes distanciarte del asunto, pídele ayuda a un tercero que sí pueda mantener la objetividad para que te ayude a planear qué decirle a tu hijo.

Es importante recordar que los expertos recomiendan no ignorar las preguntas de los niños. Contéstale sus dudas y si no tienes una respuesta, dile que no sabes o que vas a pensar un poco y que después le vas a explicar.

Cuando le hables del tema del padre ausente, trata de ceñirte lo más posible a los hechos para darle la posibilidad a tu hijo de que se forme su propia opinión. Dile la verdad, pero no sientas que tienes que detallar todo lo que sucedió. A veces existen recuerdos muy dolorosos que no deben ser compartidos con los hijos para evitarles un daño mayor. Puedes decirle que tú no estabas contenta cuando vivías con su papá, en vez de usar frases como "tu papá me hacía infeliz."

Lourdes de Alba incluso aconseja que "a pesar de estar separada del padre, es importante mantener la relación por el hijo. Si se separaron, se separaron los dos adultos pero no separaron al hijo del padre," dice.

En el caso de que nunca haya conocido a su padre y necesite algún tipo de información, puedes mostrarle una foto para que se pueda imaginar su rostro.

Es clave que tu hijo o hija no sienta que vale menos por no tener a un padre en casa. Demuéstrale una y otra vez tu amor y evita decirle que su padre lo ha rechazado, que no lo quiere o algún comentario similar que pueda afectar la autoestima de tu hijo de manera definitiva.

No olvides nunca que la labor que realizas es encomiable. Se necesita mucha fortaleza para criar sola a uno o más chicos.

"He aprendido que yo sí puedo," dice Susana Austrich. "Cuesta trabajo pero sí puedo." O como lo resume Victoria Eugenia Correa, "le toca a uno tratar de dividir el tiempo todos los días para poder aunque sea dos o tres horas en la noche darle un granito de cultura, un granito de disciplina o un granito de uno mismo para que sea una mejor persona."

Todobebé Resumen:
Qué Hacer Si Crías Sola a Tu Bebé

A veces tantas responsabilidades son agobiantes. Lo más importante es cuidarte a ti misma para que puedas cuidar de tu hijo. Si tú estás mal, eso va a repercutir en el ánimo e incluso en la salud de tu bebé.

Es muy bueno aprender a organizarse para maximizar el poco tiempo del que dispones. También hay que ser ordenada con las finanzas. Para cuidar la parte económica, trata de tener este orden de prioridad:

1. Ahorros para emergencias del niño
2. Una cuenta de retiro para tu futuro
3. Ahorros para los estudios de tu hijo

Aquí te damos otros consejos si eres mamá y estás sola.

- Cuídate para que puedas criar a tu hijo.
- Planifica tu día la noche anterior.

- Hazle saber a tu hijo que él no es culpable de la situación.
- Trata de comprar un seguro de vida.
- Haz un testamento y establece quién será el guardián de tu hijo.
- No te sientas culpable por estar cansada.
- Busca apoyo de otras mamás solas.

Ánimo y sigue adelante.

trece

Cómo Viajar con Tu Bebé

En este capítulo: Viajes en Automóvil—Viajes en Avión—Lista de Cosas que Necesitas para Tu Bebé Cuando Viajas con Él

Confiésalo. La sola idea de viajar con tu bebé te altera un poco los nervios. De sólo pensar en que se ponga a llorar y que no tengas cómo calmarlo, te puede llenar de angustia.

Sin embargo, luego de haber sobrevivido a viajes en carro, avión, barco, autobús e incluso en tren junto a mi hijo, te puedo decir que si te preparas un poco, puedes hasta disfrutar de la travesía. La clave está en una buena planificación, que sea lo suficientemente flexible para entender que con los niños nunca se sabe qué puede pasar.

Viajes en Automóvil

¿Cuál es la mejor manera de llevar a tu bebé en un automóvil? En ese caso, la respuesta es bastante sencilla: en una silla de bebés para el carro en el asiento de atrás. Preferiblemente en la sección del medio y recuerda que la silla debe mirar hacia atrás hasta que el bebé cumpla un año o pese 20 libras. Después, sí la puedes voltear hacia adelante. Nunca debes poner a un niño en el asiento delantero de un automóvil, especialmente si el automóvil tiene bolsas de aire.

Ir en carro te facilita bastante las cosas al trasladarte con un bebé, por varios motivos. Primero, no tienes que esperar a que el niño tenga cierta edad ni preocuparte por los controles de seguridad en los aeropuertos. Segundo, si te organizas bien y tienes suerte, tu chiquilín puede dormir la mayor parte del viaje. Tercero, tienes más control sobre la situación. Por ejemplo, si necesitas detenerte en el camino a cambiarle el pañal al bebé o darle de comer, no estás a la merced de la aerolínea.

Pero aunque tengas más control, eso no garantiza que todo salga bien. Hay bebés que se marean en los autos. En ese caso, lo mejor es hacer un alto en el camino, que tome aire y así se tranquilice. Un viaje con un bebé llorando se le hace interminable a cualquiera.

En todo caso, siempre debes tener mucha paciencia cuando viajas con un bebé porque las situaciones son impredecibles.

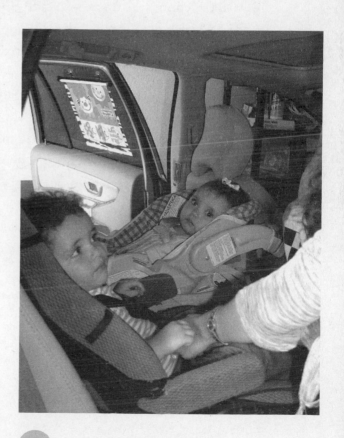

TODO BEBÉ TIPS: CONSEJOS PARA UN VIAJE EN AUTOMÓVIL CON TU BEBÉ

- Revisa que la silla de bebé para el automóvil esté correctamente instalada.
- Planifica varias paradas en el camino para alimentar y cambiarle el pañal al pequeño.

Revisa siempre todas las medidas de seguridad indicadas para las sillas del automóvil.

- Si está más grande, ten en cuenta que se puede aburrir durante el viaje y quizás hasta necesites sentarte a su lado para divertirlo en el camino.
- Nunca sientes a un bebé en el asiento delantero del carro.
- Jamás dejes a un bebé solo en el automóvil, aun cuando esté durmiendo. Es peligroso y en verano sobre todo, podría costarle la vida.

Viajes en Avión

El tema se complica aún más cuando el viaje implica subirse a un avión. Para comenzar, muchos padres no saben cuándo un recién nacido puede viajar en avión. La respuesta dependerá principalmente del pediatra, quien según el peso del niño y su estado de salud será quien dará el visto bueno o no. En general, y sólo como referencia, se aconseja esperar a que el bebé tenga más de dos semanas de vida, preferiblemente tres, antes de subirlo a un avión.

Eso sí, hay padres que prefieren esperar a que el bebé ya tenga sus primeras vacunas, más que nada porque en los aeropuertos y en la aeronave el niño estará expuesto a muchos gérmenes por la gran cantidad de personas que circulan por esos lugares.

Una vez que se ha decidido viajar en avión, es muy importante planificar con detenimiento. Lo primero es notificar a la aerolínea de que se viajará con un bebé, para que traten de asignarte un asiento que sea más cómodo. Seguramente preguntarán la edad del niño para determinar si se debe cobrar medio pasaje o no por el niño. En general, las líneas aéreas no exigen comprar medio pasaje a menores de dos años. Sin embargo, es posible que te cobren los impuestos o un porcentaje del precio de tu pasaje.

Planifica el horario y qué llevar

Otra cosa que es importante planear es el horario de viaje. Ojalá obtengas cupo en un vuelo que coincida con la hora de dormir de tu hijo, ya que se te hará más sencillo el viaje. Entre más chico es tu bebé, más fácil será, ya que lo único importante será alimentarlo y cambiarlo. Los bebés más grandes en cambio requieren más atención, ya que necesitan que los entretengan. En ese caso, lleva un par de juguetes (ojalá que no hagan mucho ruido para que los demás pasajeros no protesten). Y si tu pequeñín ya camina, vas a tener que prestar mucha atención para que no se te escape por los pasillos.

Algo fundamental es llevar comida de sobra. Si le das pecho, obviamente es más fácil, pero en caso de que lo alimentes con biberón (mamadera, tetero o mamila) tienes que calcular una buena cantidad de fórmula para el viaje. Hay veces en que los vuelos se atrasan, por lo que siempre es preferible que te sobre comida para el niño a que falte. En caso de que esté mayorcito, lleva en tu bolso de mano distintas meriendas o *snacks* que no se echen a perder fuera del refrigerador, como galletas, jugo, leche que no se eche a perder (en envase Tetra Pak), cereal o colados. El personal de vuelo te puede calentar la leche o el colado si se lo pides.

También es crucial llevar bastantes pañales y toallas desechables para limpiar al bebé. Además, lleva una muda extra de ropa por si se mancha o se moja. Y algo muy útil: lleva bolsas que se puedan sellar (tipo Ziploc) para guardar ropa sucia o cualquier cosa que esté mojada.

Seguridad ante todo

No creas que dejamos el tema de la seguridad para el final porque no sea importante. Todo lo contrario. Hay varias precauciones que debes tomar cuando llevas a tu bebé en un avión.

Por ejemplo debes ir preparada para encontrarte con todo tipo de medidas de seguridad; desde que llegas al aeropuerto hasta que entras en el avión, y eso sin dejar a un lado las del lugar de destino. Ten en cuenta que cuando llegues a los controles con rayos x, tendrás que sacar al bebé del coche o carreola, doblar el coche y colocarlo sobre la cinta transportadora para que lo revisen.

Ya son varias las amigas que incluso se han topado con la sorpresa nada de agradable de que su coche era demasiado grande para la máquina o que al ser doble, era muy pesado para que lo pudieran levantar solas mientras cargaban al bebé y sujetaban la mano de su otro hijo. En general, las osadas mamás que viajan solas con sus bebés terminan pidiendo ayuda bien sea al encargado de seguridad o a otro pasajero que viene atrás en la fila. Y claro, no siempre tendrás la suerte de tener un buen samaritano cerca. Después de haber volado a Colombia con sus dos hijas, Mónica Giraldo da el siguiente consejo: "lleva un coche estilo bastón o paraguas bien sea sencillo o doble, o tal vez si tu viaje es corto una buena idea es usar tu cargador (o canguro) para llevar a tu bebito si es chiquito."

Asimismo, recuerda que es muy posible que te hagan quitarte los zapatos. Parece muy sencillo en la mayoría de los casos, pero si estás cargando a tu bebé, puede ser toda una odisea no caerte en el intento. Por lo tanto, antes de elegir tus zapatos para el viaje, piensa en que tan fácilmente te los puedes quitar y poner. Y un último consejo: no le pongas zapatillas con luces a tu chiquilín, ya que también se las quitarán para revisarlas en la máquina de rayos x.

Por otra parte está la seguridad de tu hijo. La Academia Estadounidense de Pediatría (AAP) dice que todos los niños necesitan tener su propio asiento en los aviones. Hasta ahora, no es obligatorio usar sillas de seguridad como las del automóvil cuando se lleva un niño a bordo, pero la agrupación pediátrica está pidiendo que deje de ser opcional.

Los expertos de la AAP aconsejan

Los chalecos para bebés especiales para los viajes ayudan muchísimo en casos de turbulencias.

que los niños menores de un año que pesen menos de 9 kilos o 20 libras vayan en una silla de seguridad para bebés que mire hacia atrás, como la que se usa en el automóvil. Antes de usar en el avión la que normalmente se usa en el auto, hay que cerciorarse de que diga explícitamente que ha sido aprobada para usarse en un avión. Esto es importante porque las sillas con un ancho superior a las 16 pulgadas o 40 centímetros no caben. Los mayores de un año que pesen hasta 40 libras o 18 kilos deben ir en un asiento de seguridad que mire hacia delante.

Los niños que pesen más de 18 kilos o 40 libras deben ir en su propio asiento con el cinturón de seguridad del avión firmemente abrochado. La AAP dice que sus recomendaciones son necesarias para proteger a los niños en caso de turbulencia, que es la principal causa de heridas no fatales en los pasajeros.

El problema es que a menos que hayas comprado un pasaje para tu bebé o que la aerolínea sea tan amable de guardarte el asiento del lado tuyo, probablemente no tendrás dónde colocar una silla de seguridad para bebés. Y no olvidemos que es una cosa más que cargar contigo, así que si estás viajando durante temporada alta, quizás es mejor no llevar la silla si no has comprado un pasaje aparte para tu hijo.

MI EXPERIENCIA EN AVIÓN: CONSEJOS DE MAMÁ A MAMÁ

Cuando mi hijo estaba por cumplir cuatro meses, lo llevamos a Chile para que pudiera conocer a mi familia. Tenía pánico de que le dolieran los oídos en el avión, así que conseguí que el pediatra me recetara unas gotas con anestésico en caso de que le molestaran. Le pregunté a todas mis amigas cuáles eran sus consejos y aquí los comparto con ustedes:

- Trata de conseguir la mayor cantidad de cosas prestadas en el lugar de destino, para que así no tengas que viajar con un cargamento parecido al de una persona que se muda de país.

(continúa)

- Dale biberón o el pecho al bebé cuando el avión esté despegando o aterrizando. Realmente funciona. Mi hijo ni lloró y lo mejor de todo es que se quedó dormido.
- Trata de viajar de noche, que es cuando hay más posibilidades de que el niño se quede dormido.
- Apenas hagas la reservación, avisa que viajas con un bebé. Si viajas con un niño menor de seis meses, llama a la aerolínea con anticipación y pide una cuna o moisés especial (en algunas líneas aéreas se llaman *baby bassinette*). Así no tendrás que cargar al bebé en tus brazos durante todo el viaje.
- Lleva un pañal por cada dos horas que dure el viaje. Así estarás preparada para cualquier "sorpresa."
- Lleva una frazada (cobija o manta) para que no le dé frío a tu chiquito. Aunque los aviones tienen mantas, nunca se sabe si están limpias.
- Lleva un gel limpiador antibacteriano para las manos a base de alcohol (como Purel o Lysol) y úsalo cada vez que vayas a tocar a tu bebé. Los aviones son famosos por facilitar el contagio de enfermedades y así por lo menos neutralizas una de las puertas de entrada de bacterias y virus: tus manos.
- Aprovecha de cambiarle el pañal a tu bebé antes de subirte al avión. No sólo es más cómodo, sino que de esa manera si tu hijo se duerme al despegar el avión, no te tienes que volver a preocupar del tema. Claro, salvo que tenga una "explosión pañalística" (común sobre todo en los bebés que toman leche materna).
- Necesitarás por lo menos un cambio de ropa para tu bebé. Lo mejor es llevar distintas "capas" de ropa, cosa de poder abrigar o desabrigarlo según la temperatura del avión.
- No te olvides de tener juguetes a la mano para distraerlo. Como mucha gente duerme en los aviones, elige uno que no haga mucho ruido.
- Si tu bebé usa chupete (chupón o pepe) lleva por lo menos dos.
- Si tu bebé toma fórmula, lleva la leche en polvo medida con anticipación,

para que sólo tengas que agregar agua. En los supermercados y las farmacias se consiguen sobres con la cantidad justa o también puedes comprar un recipiente de plástico con divisiones para colocar la fórmula en polvo. Pídele a la azafata que te dé agua mineral si es posible o que te caliente el agua.

- Si le das pecho a tu bebé, puedes llevar una especie de poncho o trozo de tela que te cubra. O si te pone muy nerviosa la idea de lactar al bebé en público, sácate leche antes del viaje y lleva los biberones ya listos, protegidos por una compresa fría (llamadas en inglés *ice pack* o *cold pack*), para que no se echen a perder.

- Si tu bebé ya come sólidos, lleva un par de compotas o papillas extras. Nunca se sabe si el vuelo sufrirá un retraso.

- Si puedes, lleva una silla para el automóvil aprobada por la FAA para aviones. Cuando los vuelos no van llenos, con el personal de la aerolínea puedes conseguir acomodar a tu hijo en su sillita en su propio asiento en el avión y de esa manera puedes estar segura de que no le pasará nada en caso de turbulencia (aunque creas que esto es exagerado, cientos de niños sufren cada año traumas serios a causa de turbulencias en el avión por no ir en una silla especial). Desgraciadamente, a menos que pagues un asiento para el bebé, no hay garantías de que tu bebé tendrá un asiento sólo para él.

- Si no puedes llevar una silla de las que se usan para el automóvil en el avión, trata de conseguir una especie de chaleco que permite amarrar al chiquilín a tu cinturón de seguridad. De esa manera, si llega a moverse el avión, tu niño no se irá contra el techo de la aeronave. (Yo compré uno llamado *Baby B' Air*).

- Trata de no ponerte muy nerviosa. Tu bebé lo percibirá y puede alterarse. Y si alguien te pone mala cara por sentarte cerca con un bebé, simplemente ignora a esa persona.

- Recuerda no dejar nada en el coche de paseo (carriola), salvo que estés

(continúa)

dispuesta a que se pierda. Te dejarán llevarlo hasta la puerta del avión y de ahí lo llevarán por carga y te lo entregarán cuando te bajes del avión. También es importante colocarle una etiqueta con tu nombre y teléfono. Hay ciertas aerolíneas que permiten llevar coches tipo paraguas o bastón en la cabina.

Viajar con un bebé no es nada de fácil, pero tampoco es un asunto tan complicado. En el aeropuerto mi bebé estaba bastante llorón y creí que el vuelo sería una pesadilla. Pero no. Se durmió tomando su leche al despegar el avión, lo tuve en brazos hasta que armaron su cunita y no se despertó sino hasta una hora antes de aterrizar. Les deseo la misma suerte en sus viajes.

Una vez que llegues a tu destino

Si hay cambio de hora, tu primera preocupación tiene que ser el bienestar de tu bebé. Aunque sea incómodo, trata de regirte por su horario para así evitar berrinches. El primer día puede ser complicado, especialmente si el bebé se levanta de madrugada, pero con el pasar de los días quizás puedes correrle poco a poco el horario de la siesta o de sus comidas. Eso sí, hacerlo no vale la pena a menos que vayas a estar más de una semana en el lugar.

En caso de que haya un clima muy distinto al que están acostumbrados, cuida a tu bebé, pero no exageres. Si hace frío, vístelo con distintas capas de ropa pero no lo abrigues exageradamente, ya que le puede hacer muy mal. Si es muy chiquito y lo arropas demasiado, incluso podrías estar aumentando el riesgo del síndrome de muerte súbita o muerte de cuna. En general, ponle una capa más de ropa que la que usarías tú. Protégele su cabecita con un gorro, para evitar que pierda mucho calor, y si hay nieve hasta puedes ponerle guantes.

Además, ten mucho cuidado con las medidas básicas de higiene como lavarse las manos a menudo. Esto es primordial si hay epidemias de resfríos o influenza, ya que el contacto mano-boca es la principal fuente de contagio.

Si viajas hacia un lugar donde es verano, es más fácil, porque sólo hay que tener cuidado con las brisas, aires acondicionados o con los cambios bruscos de temperatura. También hay que proteger al bebé del sol; consulta con tu pediatra si hay un protector solar en particular que puedas usar, ya que la mayoría está aprobada para mayores de seis meses. Un sombrero es esencial e incluso puedes comprarle lentes de sol. Por otra parte, cuando hace mucho calor, necesitarás darle más líquidos. Eso implica o darle una toma más de pecho o de fórmula, y si está más grande, agua mineral sin gas o jugo. Los bebés se deshidratan con gran facilidad.

Otra cosa con la que hay que tener cuidado cuando hace mucho calor es no arropar en exceso al niño, ya que necesita estar lo más fresco posible. Si no, incluso podría desarrollar una inofensiva erupción rojiza, sobretodo en la zona del cuello y la espalda (en inglés se la conoce como *prickly heat*). Si ves ronchas muy pequeñas de color rojo y no parecen

En el verano, asegúrate de proteger su piel de los rayos del sol como también sus oídos dentro del agua.

picarle ni molestarle, lo más probable es que se trate de esta reacción frente al exceso de calor. La indicación es refrescar e hidratar al bebé con más leche (materna o artificial), agua (si el pediatra te ha autorizado a darle) o incluso

Tener el abrigo adecuado ayuda para que el bebé disfrute del paseo a pesar del frío.

un suero pediátrico (como Pedialyte). La erupción debiera pasar por sí sola sin requerir de medicamento alguno.

Haga frío o haga calor, saca muchas fotos para después poder recordar los lindos momentos que vivieron.

Lista de Cosas que Necesitas para Tu Bebé Cuando Viajas con Él

Qué llevar (ajustar según el lugar de destino, medio de transporte y duración)

- Pañales (¡Muchos! Calcular de seis a ocho por día para recién nacidos, menos si el niño es más grande)

- Toallas húmedas desechables (*baby wipes*)
- Cubierta para el pañal (preferiblemente que no sea de plástico) si usas pañales de tela
- Bastoncitos, "cotonitos" o hisopos de algodón especiales para bebés
- Pomada para evitar la irritación del pañal
- Baberos (por lo menos dos)
- Chupetes (por lo menos dos)
- Jabón o champú especial para bebés
- Biberones y fórmula láctea en polvo o en lata (si no toma leche materna). Si es en polvo, lleva una botella con agua por si acaso.
- Colonia (es totalmente opcional; los recién nacidos no deben usar colonia porque tienen la piel muy sensible)
- Paños o pañales desechables para botarle los gases al bebé (más de dos si tiene reflujo)
- Peine o cepillo
- Juguetes para divertir al bebé
- Ropa para cambiarlo; calcula dos conjuntos por día
- Pijama o camisón de dormir para el bebé (la cantidad depende de la duración del viaje y si sufre de reflujo)
- Medias o calcetines (por lo menos un par diario)
- Si ya come sólidos: cucharas, tazas y platos especiales para darle la comida
- Si es mayor de seis meses, comida (puede ser cereal, compota o algún alimento colado en frasco). Esto es muy importante si vas a viajar en avión (los vuelos se atrasan muchas veces y no llevan alimentos para bebés) o en automóvil (a veces no hay dónde parar a comprar comida).
- Dos o tres mantas livianas
- Coche (carriola) liviano, tipo paraguas o bastón
- Bolsas plásticas pequeñas, de basura o que se sellan
- Implementos de primeros auxilios (pomada antibiótica, desinfectante, parche autoadhesivo, pinzas, tijeras, paracetamol infantil, termómetro, aspirador nasal)

- Libro de cuentos infantiles
- Si vas en automóvil o en avión: sillita de seguridad especial para bebés
- Opcional: cuna o corral portátil (*Pack and Play*)

Todobebé Resumen:

La clave al viajar con un bebé está en una buena planificación, que sea lo suficientemente flexible para entender que con los niños nunca se sabe qué puede pasar.

¿Cuál es la mejor manera de llevar a tu bebé en un automóvil? En ese caso, la respuesta es bastante sencilla: en una silla de bebés para el carro en el asiento de atrás. Preferiblemente en la sección del medio y recuerda que la silla debe mirar hacia atrás hasta que el bebé cumple un año o pesa 20 libras; después la puedes voltear hacia adelante.

Si viajas en automóvil

- Revisa que la silla del bebé para el automóvil esté correctamente instalada
- Planifica varias paradas en el camino para alimentar y cambiarle el pañal
- Si está más grande, ten en cuenta que se puede aburrir durante el viaje
- Nunca sientes a un bebé en el asiento delantero del carro
- Jamás dejes a un bebé solo en el automóvil, aun cuando esté durmiendo.

Viajes en avión

El tema se complica aún más cuando el viaje implica subirse a un avión. En general, y sólo como referencia, se aconseja esperar a que el bebé tenga más de dos semanas de vida, preferiblemente, antes de subirlo a un avión.

Lo primero es notificar a la aerolínea que se viajará con un bebé, para que traten de asignarte un asiento que sea más cómodo.

Otra cosa que es importante planear es el horario de viaje. Ojalá obtengas cupo en un vuelo que coincida con la hora de dormir de tu hijo, ya que se te hará más sencillo el viaje.

Algo fundamental es llevar comida de sobra para tu bebé. Hay veces en que los vuelos se atrasan, por lo que siempre conviene que te sobre comida para el niño a que falte. En caso de que esté mayorcito, lleva en tu bolso de mano distintas meriendas o *snacks* que no se echen a perder fuera del refrigerador.

También es crucial llevar bastantes pañales y toallas desechables para limpiar a tu bebé. Además, lleva una muda extra de ropa por si se mancha o se moja. Y algo muy útil: lleva bolsas que se puedan sellar (tipo Ziploc) para guardar ropa sucia o cualquier cosa que esté mojada.

Por otra parte está la seguridad de tu hijo. Los expertos de la AAP aconsejan que los niños menores de un año que pesen menos de 9 kilos o 20 libras vayan en una silla para bebés que mire hacia atrás, como la que se usa en el automóvil. Los mayores de un año que pesen hasta 40 libras o 18 kilos deben ir en un asiento de seguridad que mire hacia delante.

Los niños que pesen más de 18 kilos o 40 libras deben ir en su propio asiento con el cinturón de seguridad del avión firmemente abrochado. La AAP dice que sus recomendaciones son necesarias para proteger a los niños en caso de turbulencia, que es la principal causa de heridas no fatales en los pasajeros.

Algunos consejos en caso de que viajes en avión:

- Lleva un coche liviano que sea fácil de doblar para simplificarte la vida cuando pases por los controles de seguridad.
- Trata de conseguir la mayor cantidad de cosas prestadas en el lugar de destino.
- Dale el biberón o el pecho al bebé cuando despega y aterriza el avión.
- Trata de viajar de noche, que es cuando hay más posibilidades de que se duerma el niño.

- Apenas hagas la reservación, avisa que viajas con un bebé.
- Lleva un pañal por cada dos horas que dura el viaje.
- Lleva una frazada (cobija o manta) para que no le dé frío.
- Lleva un gel limpiador antibacteriano a base de alcohol para las manos y úsalo cada vez que vayas a tocar a tu bebé.
- Aprovecha de cambiarle el pañal a tu bebé antes de subirte al avión.
- Por lo menos necesitarás un cambio de ropa para tu bebé.
- No te olvides de tener a la mano juguetes para distraerlo. Como mucha gente duerme en los aviones, elige uno que no haga mucho ruido.
- Si tu bebé usa chupete (chupón o pepe) lleva por lo menos dos.
- Si tu bebé toma fórmula, lleva la leche en polvo medida con anticipación, para que sólo tengas que agregar agua.
- Si le das pecho a tu bebé, puedes llevar una especie de poncho o trozo de tela que te cubra.
- Si tu bebé ya come sólidos, lleva un par de compotas o papillas extras.
- Si puedes, lleva una silla de bebés para el automóvil aprobada por la FAA para aviones. Desgraciadamente, a menos que pagues un asiento para el bebé, no hay garantías de que habrá un asiento para él.
- Trata de no ponerte muy nerviosa. Tu bebé lo percibirá y puede alterarse.
- No dejes nada en el coche de paseo (carriola), salvo que estés dispuesta a que se pierda. También es importante colocarle una etiqueta con tu nombre y teléfono.

Viajar con un bebé no es nada de fácil, pero tampoco es un asunto tan complicado. Lo importante es ser flexibles y disfrutar en familia.

catorce

Divirtiendo a Tu Bebé

En este capítulo: La Estimulación Temprana—Cuidado con los Excesos—Estimula el Habla de Tu Bebé—La Lectura: Un Excelente Aliado para Estimular a Tu Bebé—Los Juguetes Apropiados para el Primer Año—Grupos de Juego o *Playgroups*—La Televisión ¿Se Puede Usar como Diversión?

Al principio tu bebé se conforma mirando tu rostro y su entorno para divertirse un rato. Luego empieza a mostrar interés por figuras muy simples con colores contrastantes y casi sin darte cuenta, tu chiquilín crece y crece y necesita más actividades. ¿Qué hacer?

La Estimulación Temprana

Cada vez hay más centros para divertir y dar "estimulación temprana" a los bebés, ¿pero de qué se trata realmente este tema tan de moda?

La psicóloga colombiana Edith Peisach nos da una explicación. "La estimulación temprana consiste en exponer al niño a los diferentes estímulos a su alrededor, para que el potencial cerebral aumente." Pero no se trata de criar un Einstein en miniatura. "Al exponer al niño desde que nace a estímulos visuales, auditivos, del olfato y táctiles, hacemos que esté más alerta y será mucho más capaz cuando vaya al colegio," explica.

Diversas investigaciones han señalado que el primer año de vida es importantísimo en el desarrollo del bebé y por eso es necesario que el papá o la mamá lo estimulen, no importa si es en la casa o en un centro especializado. En términos sencillos, las partes del cerebro que no se estimulan los primeros tres años, dejan de desarrollarse.

Esta bebita está siendo estimulada con ejercicios que facilitan el aprendizaje del gateo.

La Dra. Carmen de Lerma, directora del Centro de Desarrollo Infantil del South Miami Hospital en Miami, Florida, explica que en esencia, lo más importante es la interacción que se logra con el bebé. "Cuando se hace la estimulación en la casa con los padres o la persona que cuida el niño, lo más importante es reaccionar y actuar con el niño, darle cosas para que se mueva, que haga sonidos. Si el niño hace un sonido, hacer el sonido de vuelta."

Las mamás también creen en la importancia de empezar temprano a estimular y educar a sus bebés. Palmira Marín, madre de dos hijos dice estar "convencidísima que los niños aprenden jugando."

También hay otras razones para optar por llevar al niño a un lugar especializado en estimulación temprana. Para la mexicana Teresa Cabrera de Roza, mamá primeriza, la afectaba mucho el hecho de estar lejos de su familia. "Lo que más me interesó de los cursos de estimulación temprana era la interacción social que tienen con otros bebés," contó.

Mostrarle diversos colores, texturas, formas y sonidos es muy importante y no es necesario estar en un centro especializado para hacerlo. Puedes llevar a tu hijo al parque, leerle un libro infantil, cantarle o mostrarle las frutas en el supermercado. Según la Dra. De Lerma, incluso cuando le hablas al bebé y le muestras una imagen o un objeto para que lo vea, eso es estimularlo.

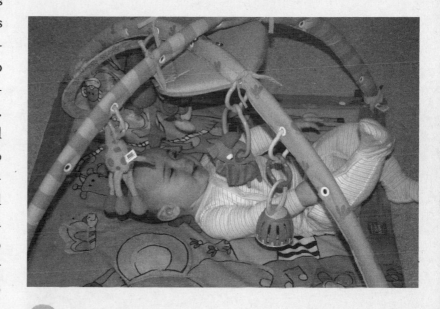

Los gimnasios para bebés ayudan a estimularles su motricidad mientras se divierten.

Cuidado con los Excesos

Pero tampoco es bueno un exceso de estimulación. Edith Peisach, quien también es experta en trastornos de aprendizaje y propietaria de los centros de estimulación temprana "Baby Stars" en Miami y Bogotá, expresa que es muy importante estar atentos a lo que nos dice el niño para detener la actividad a tiempo. "Hay que respetar al niño en los momentos en que voltea la cara, cuando se va, cuando se para o cuando gatea," señala.

Otros signos de que el bebé está sobre estimulado son:

- llanto
- aumenta su frecuencia respiratoria

- arquea el cuello y la espalda
- tiene cambios en la coloración de la piel
- le da hipo

Por último, estimula a tu bebé cuando no esté llorando ni tenga hambre ni sueño, para que así ambos se puedan divertir aprendiendo.

Cuando el bebé muestra signos de cansancio es bueno detener la actividad para no sobre estimularlo.

Estimula el Habla de Tu Bebé

Para que tu hijo hable bien, debes ayudarlo desde que nace, especialmente después de los tres meses de edad. "Es muy importante estimular el habla del bebé porque los niños ya nacen programados para hablar," explica la lingüista Olga Bichachi, creadora del video educacional *Babies Speak*.

El terapeuta del lenguaje del Jackson Memorial Hospital en Miami, EE.UU., John Massa tiene una recomendación muy importante. "Lo que se debe hacer es hablarles como si fueran una persona mayor o como se le hablaría a un niño que tiene cinco años que sabe hablar perfectamente bien." Sin embargo, no te preocupes si te sale de manera innata hablarle con un tono más agudo. Hay algunas investigaciones que demuestran que los bebés se dan cuenta que sus madres les hablan justamente porque tienen un tono de voz diferente.

Según la lingüista, los padres deben de aprovechar cada oportunidad que tengan para hablarle a sus hijos. "Hablarle al bebé cuando lo están bañando, cuando le están dando la comida," señala Olga Bichachi. También le puedes leer un cuento para niños.

"Lo que uno debe hacer es ser muy repetitivo," dijo el experto John Massa. "Si le están dando la leche, uno le debe decir, 'aquí está tu leche,' 'toma la leche,' 'que rica está la leche.' " Además, utilizando las palabras en su contexto, le ayudamos a entender el poder del lenguaje.

Eso más adelante rinde sus frutos. Según el terapeuta de lenguaje, entre los dieciocho meses y los dos años los niños deben de tener un desarrollo en su vocabulario bastante amplio, entre doscientas a doscientas cincuenta palabras.

Pero si no es el caso de tu hijo, no pierdas tiempo y acude a un especialista porque no te arrepentirás. "Mi hijo mayor recibió terapia de

Mamá ha empezado un juego muy divertido para su bebé: hace sonidos y su hija la imita.

lenguaje y la verdad que mejoró un 200 por ciento," contó Palmira Marín, madre de dos hijos. Además, ten en mente que los niños en hogares bilingües pueden demorarse más en hablar.

La Lectura: Un Excelente Aliado para Estimular a Tu Bebé

Para algunas mamás la idea de leerles algún cuento o historia a su bebé les puede parecer absurda, pero lo que no saben es que la lectura ayuda a que el bebé en el futuro tenga un rico vocabulario, desarrolle su capacidad de atención y aprenda cómo habla la gente.

Puedes empezar a contarle cuentos desde que tu bebé tiene seis meses, pero si deseas también lo puedes hacer desde que es un recién nacido. Un reporte realizado de 1983 de la Comisión de Lectura de EE.UU. dio a conocer que para el desarrollo del conocimiento en los bebés, se necesita que eventualmente se les lea una historia en voz alta.

La AAP también recomienda la lectura en voz alta para bebés, pero ellos aconsejan que sea de los seis meses en adelante porque a partir de dicha edad los niños empiezan a disfrutar viendo y tocando los libros contigo.

Antes de ir a dormir, es aconsejable que todas las noches leas una historia en voz alta para tu hijo. Si no puedes por

La abuelita pasa tiempo muy valioso con su nieto leyéndole cuentos y mostrándole libros.

cuestiones de tiempo, no te preocupes, lo puedes hacer en otro momento, pero trata de que siempre sca a cierta hora para ir creándole una rutina diaria.

¿Qué historias son aconsejables?

Como te dijimos anteriormente a todos los bebés se les pueden leer historias, pero si tu bebé es recién nacido o está muy pequeñito, no te preocupes por escoger un tema adecuado para él, porque no te va a entender mucho. Más le interesará tu tono de voz y escucharte hablar.

En el caso de que tu bebé tenga seis meses o sea mayor, puedes escoger cualquier cuento infantil. No es necesario que todas las noches le leas una historia diferente; puedes utilizar la misma historia durante un tiempo porque los bebés no aprenden con la misma rapidez que lo hacen los adultos. Además, al repetirle un cuento consecutivamente, ayudas a que el niño vaya enriqueciendo su lenguaje. Cuando son más mayores, a los niños también les encanta repetir la misma historia porque pueden predecir qué va a pasar, así van entendiendo el concepto de causa y efecto.

Si lees historias cortas para tu niño, hazlo de una manera lenta y si él quiere tocar el libro o ver las imágenes, déjalo que lo haga porque de esta manera puede involucrarse más con la historia.

Es aconsejable que los libros que escojas para tu hijo tengan una sola imagen en cada página, porque los bebés de seis meses o mayorcitos no reconocen nada cuando ven muchas figuras juntas. Por otro lado, es más fácil para ellos ver la imagen real en vez de una ilustración, porque de esa manera relacionan mejor las cosas con sus nombres.

Recuerda que la lectura a temprana edad sirve para estimular el lenguaje de tu hijo y su vocabulario, pero no para obligarlos a memorizar el nombre de las cosas, a leer o a hablar más rápido. Y no te olvides que los niños aprenden lo que ven; si tú disfrutas de la lectura, tu chiquilín también valorará esta actividad.

Los Juguetes Apropiados para el Primer Año

Hablando de actividades y diversión, hay muchos juguetes en el mercado para distraer al bebé. Sin embargo, no todo son recomendables para todas las edades.

Los primeros seis meses de tu bebé son una linda época de descubrimiento y crecimiento. Para ayudarlo a que desarrolle su inteligencia, necesitas estimularlo y los juguetes son un importante aliado. El móvil, por ejemplo, estimula la au-

Un piano con los sonidos de las notas y canciones infantiles puede ayudar a capturar el interés de tu bebé.

dición y la visión. A medida que tu bebé crece, es capaz de seguir los movimientos con su mirada.

En general, se ha descubierto que los recién nacidos se fijan más en los contrastes. Por ello son muy buenos los juguetes rojos, blancos y negros que hay en el mercado. Hay móviles en esos colores, al igual que cascabeles o sonajas y juguetes para realizar actividades.

Hablando de sonajas o cascabeles, antes de los tres meses es bueno elegir uno liviano que requiera poco esfuerzo para producir sonido. Es aconsejable que la madre o el padre lo agite delante de su bebé para que éste lo siga con la mirada.

Pero sin duda alguna, lo más importante es que tu hijo o hija se sienta querido. Por eso, tómate el tiempo de jugar con tu bebé, para que así empiece a descubrir el mundo junto a ti.

Juguetes para niños que tienen de tres a seis meses

En esta etapa, tu bebé empieza a disfrutar de juguetes que se pueden sujetar, tocar y chupar. Lo mejor es exponerlo a objetos de variados tamaños, materiales y texturas. Sin embargo, es importante que no sean tóxicos y que no tengan piezas muy pequeñas que produzcan atragantamiento.

Los mordedores son muy buenos entre los tres y los seis meses, ya que alivian el dolor de las encías y estimulan la coordinación mano-boca. También son útiles las mantas para realizar actividades en las que el bebé aprende que con ciertos movimientos puede producir sonidos o verse en un espejo.

Como ya están más alertas en esta etapa, es muy bueno cantarles o ponerles música. Los padres pueden inventar juegos y movimientos para estimular la audición y la coordinación motora.

Juguetes para niños que tienen de seis a nueve meses

Ahora tu bebé está aprendiendo a ser más independiente. Poco a poco logra sentarse sin ayuda de los adultos e intenta desplazarse. Necesita investigar lo que hay en el mundo que lo rodea, por lo que los juguetes para realizar actividades son muy adecuados para esta etapa. Hay algunos que se colocan en la cuna, otros que te permiten "parar" a tu bebé y que pueda saltar. Todos son muy estimulantes.

Verse en un espejo estimula al bebé a ayudarle a entenderse como un ser separado de sus padres.

También son buenos los pequeños libros de tela o plástico con distintas texturas. Además de que puedes leerle a tu bebé, este tipo de juguete se presta para que tu hijo o hija se lo lleve a su boca, algo muy típico de esta edad.

Los colores primarios son recomendables, ya que son muy eficaces en estimular la visión del pequeño. Asimismo, es muy importante tener juguetes con variados sonidos y músicas. Por ejemplo, se pueden utilizar teléfonos de juguete que tengan distintos mensajes pre-grabados.

¡OJO CON LOS ANDADORES!

Pese a que muchos padres consideran que los andadores o caminadores son muy divertidos para sus hijos, la Academia Estadounidense de Pediatría (AAP por sus siglas en inglés) ha advertido que los considera peligrosos. Proponen incluso eliminarlos, ya que no presentan ventaja alguna en el desarrollo del niño.

La prestigiosa entidad médica hizo pública su política respecto al tema en el 2001. Los pediatras estadounidenses están preocupados por los miles de niños menores de quince meses que han sufrido heridas a causa de los andadores, principalmente por las ruedas que tienen los caminadores. Un daño que no tiene justificación, ya que el andador no ayuda al desarrollo del bebé, no lo ayuda a caminar e incluso puede retrasar su desarrollo motor y mental. Por ejemplo, si se coloca al niño en un andador muy a menudo, hasta puede perjudicar sus músculos y la forma de sus piernas.

Por eso los médicos proponen usar otros juguetes que sí estimulan a los niños sin peligro, como centros de actividades estacionarios. De esa manera, los infantes se pueden sentar y divertirse, pero como no tienen ruedas, no hay riesgo de caerse por una escalera o de golpearse contra una pared.

En caso de que se prefiera seguir usando un andador, debes asegurarte de que cumpla con los estándares de seguridad ASTM F977. Para que tengas una idea, una de las reglas es que el andador debe ser más ancho de 91 centímetros o 36 pulgadas. Para averiguar si el andador reúne los requisitos de seguridad, busca una etiqueta que señale que el juguete cumple con las normas de la American Society for Testing Materials.

Eso sí, los expertos consultados por Todobebé coinciden en que lo más sano es que el niño aprenda a desplazarse solito, sin un andador, primero arrastrándose y gateando y luego sujetándose de los muebles, para finalmente lanzarse a caminar. Si se respeta ese proceso, el bebé desarrolla buena musculatura, aprende a equilibrarse y además se le despierta la curiosidad por explorar el mundo que lo rodea.

todobebé

Grupos de Juego o *Playgroups*

Cuando tienes a tu primer bebé, muchas veces tu círculo social cambia, especialmente si tus amistades todavía no tienen hijos o si son de edades muy diferentes. Esto te puede hacer sentir muy sola, pero no tiene por qué ser así. Los grupos de juego o *playgroups* pueden ser una solución y cumplir un doble propósito: divertir a tu bebé y servir para relacionarte con otras mamás que están viviendo lo mismo que tú.

Si conoces otras mamás con hijos de edades similares a tu bebé, es muy fácil organizar un grupo. Puedes llamarlas y acordar reunirse por un par de horas en una casa o un parque un día y una hora específica. Cada una lleva algún bocado, botana o pasabocas y ¡listo! Cada semana pueden variar el lugar, pero mantengan el día y horario. "Si no se establece la reunión como algo rutinario, es muy fácil olvidarse o encontrar excusas para no ir," explica Alejandra Ramírez, mamá de un niño, que es parte de un grupo de cinco mamás que se reúnen cada semana en Miami.

Cuando no conoces a otros padres, la tarea se dificulta un poco pero es posible realizarla. Aun cuando no seas la persona más sociable del mundo, acércate y convérsale a otras mamás en la iglesia, en el parque o en tu barrio. Probablemente te sorprenderá la respuesta que recibirás. No se trata de invitar a tu casa a un extraño, pero poco a poco las conversaciones informales pueden acercarte a otras personas y con algunas irás forjando lazos que permitan formar un grupo.

Si organizas un grupo de juegos en tu hogar:

- Despeja la zona donde jugarán los bebés para que tengan dónde desplazarse
- Coloca cojines o sillas para que las mamás se sienten alrededor
- Quita cualquier cosa frágil que se pueda romper del lugar de juegos
- Coloca juguetes apropiados para la edad de los bebés
- Revisa que no haya enchufes descubiertos, mesas puntiagudas o muebles inestables donde jugarán los niños
- Si deseas, ofrece algo para comer o beber a las mamás

Existen gimnasios o centros para bebés que tienen algunas horas destinadas para grupos de juego y en donde puedes reunirte con otro padres.

Ten en mente que cuando son tan chiquitos, los bebés no juegan entre ellos sino que cada uno jugará por su cuenta, así que no es necesario planificar con gran detalle las actividades. "La verdad es que estas reuniones divierten a los bebés, pero más nos divertimos las madres y a mí por lo menos me permitió hacerme de un grupo de amigas que entiende 100 por ciento lo que estoy viviendo," cuenta Alejandra Ramírez.

La Televisión
¿Se Puede Usar como Diversión?

Es increíble pensar que hace tan sólo cuarenta años, tener un televisor era un lujo. Mirar un programa de televisión era todo un acontecimiento y no era raro que familias enteras se congregaran para verlo. Lamentablemente, en demasiados hogares, la TV se ha convertido en una especie de niñera para nuestros hijos. Pero aunque sea lo más común, ¿es bueno?

La AAP es bastante tajante en su respuesta: definitivamente no. Es más, dice que un niño menor de dos años no debiera ver ni un solo minuto de televisión. ¿La razón? Podría afectar negativamente el desarrollo de la mente. Además, a largo plazo, la agrupación de pediatras cita estudios que muestran que los niños que pasan más horas frente a la TV tienden a ser más gordos y más agresivos.

Si tu chiquitín se empieza a acostumbrar a pasar muchas horas viendo televisión, cuando crezca se perderá de interactuar con otros niños, con adultos y de desarrollarse socialmente. "Son niños que no saben expresarse, son niños que no saben resolver conflictos, son niños que están creciendo obesos, son niños que están creciendo sin herramientas sociales que van a necesitar más adelante en el mundo," explica Marisa Azaret, sicóloga del Miami Children's Hospital. "Cuando el televisor se convierte en la *babysitter* de los niños ahí es cuando la familia entra en un problema inmenso."

Sin embargo, los pediatras reconocen que los programas educativos pueden ser un gran aliado. Por eso hay mamás como Silvia Gonzáles que tienen una opinión positiva sobre la televisión. "De ninguna forma creo que es una cosa mala, es una cosa buena que los entretiene, siempre y cuando estén viendo algo educacional," dice Silvia. Además, la realidad es que muchas veces recurrimos a la televisión para distraer a nuestros bebés aunque sea por un rato muy breve, ya sea porque estamos agotados o no sabemos cómo calmarlos. Confieso que lo he hecho más de una vez con unos videos con música clásica que fascinaban a mi hijo.

No creo haberle hecho un gran daño ya que nunca lo dejé frente a un programa de televisión "normal," siempre seleccioné qué vería y privilegiaba videos que fueran agradables para mí también (los de música clásica me relajaban a mí). El problema es que muchas veces no se expone a los niños a material que sea apropiado y deseable.

¿Cómo saber si un video o programa educativo aporta algo a nuestro bebé? Debe provocar una reacción positiva en el niño, como estimularlo a repetir acciones como movimientos o decir palabras. Según la lingüista Olga Bichachi, "de bebé a los dos años los niños pueden, por ejemplo, aprender números, colores y vocabulario de un video que de verdad valga la pena."

Si decides permitir que tu bebé vea televisión:

- Elige programas educativos
- No dejes que vea programas con comerciales
- No uses la televisión como niñera
- Acompaña a tu hijo mientras mira el programa y explícale qué ve

Eso sí, evita colocarle un televisor en el dormitorio del niño. A largo plazo, no podrás controlar lo que ve, y puede empezar a preferir mirar programas de TV a interactuar con otros niños o participar en juegos que involucren actividad física. Es decir, algo que parece tan inocente, en el futuro puede crearle problemas de salud a tu niño.

quince

Ideas para Celebrar el Primer Año de Tu Bebé

En este capítulo: Cómo Empezar la Planificación—Consejos Para el Festejo—Festeja Sin Descuidar la Seguridad de los Niños—Ideas para Fiestas con Más Adultos que Niños—Lista para la Fiesta de Cumpleaños de Tu Bebé—El Menú: Deleita a Grandes y Chicos

La verdad es que el tiempo pasa muy rápido. Es más: quizás ya se esté aproximando el primer cumpleaños de tu bebé. ¿Cómo celebrarlo? Tenemos algunas ideas que pueden ayudarte.

Muchos padres deciden hacer una pequeña celebración sólo para la familia más íntima; otros prefieren una gran fiesta. No hay reglas escritas, así que no te sientas presionada a hacer un inmenso festejo si tú y tu pareja sólo desean que el primer cumpleaños sea un lindo momento familiar y no todo un evento.

Cómo Empezar la Planificación

Siempre es importante evaluar cuál será la edad promedio de los invitados, ya que de acuerdo a eso te será más fácil planear todo, desde la comida hasta la diversións Entre más chiquito el festejado, es mejor que haya menos invitados, para que tu chiquito no se asuste con tanta gente.

Cómo elegir el lugar más apropiado

De acuerdo con las edades, al número de invitados y presupuesto que tengas en mente, existen diferentes alternativas:

Una reunión pequeña donde el niño se sienta en su ambiente: Esta puedes organizarla en tu casa. La principal ventaja es que el niño estará en la tranquilidad de su hogar y disfrutará con mayor libertad de la visita de sus amiguitos. Lo que debes tener en cuenta, si no tienes ayuda en casa, es que esto implicará que te encargues directamente de la comida y los demás detalles, que en otros lugares especializados en fiestas otras personas lo harán por ti. El primer cumpleaños de mi hijo mayor lo celebré en casa y aunque fue agotador, verlo tranquilo, con sus juguetes, feliz, nos permitió disfrutar a mi esposo y a mí.

Una buena idea es pedirle anticipadamente ayuda a una amiga o un familiar para que te apoye atendiendo a los invitados. También debes tener en cuenta que después de la fiesta necesitarás hacer un aseo intensivo de la casa. Por eso te recomendamos usar platos, vasos y cuchillería desechables, además de manteles plásticos. Ten a la mano bolsas de basura y muchas servilletas, para que vayas despejando todo poco a poco.

Para fiestas en tu casa te aconsejamos disponer de varios juguetes dentro y afuera, si tienes un jardín, para que así los niños se mantengan muy entretenidos. También puedes ingeniar actividades como tu propio teatro de marionetas, inflar una piscina (alberca o pileta) y llenarla de bolas plásticas grandes para los más pequeñitos, o esconder "un tesoro" en el jardín e invitar a todos los niños más grandecitos para ir a encontrarlo. En fin, ¡pon a volar tu creatividad!

Una celebración con mucha actividad, que requiera un presupuesto moderado: Para estos casos, organizar la fiesta en un parque cerca de donde vives es una buena alternativa, especialmente si tienes invitados de diferentes edades. Las actividades que pueden desarrollar los niños en los parques siempre les resultan fascinantes y así conseguirás que tu hijo pase un momento muy divertido y especial. Por ejemplo, puedes contratar un personaje infantil que le guste a tu hijo y que lo acompañe cuando vayan a cortar el pastel.

Algo importante: consulta si necesitas un permiso especial, reserva previa y cuánto debes pegar por usar las instalaciones del parque. También es importante conocer si hay penalidades por suspender o postergar el evento. Si puedes elegir una determinada zona, prefiere una cerca de los juegos y resbaladillas o toboganes (si los hay) y fíjate si el baño está muy lejos.

Una buena idea es celebrar en casa en un ambiente tranquilo y agradable para tu hijo.

La desventaja principal de realizar el festejo en un parque es que no puedes controlar las condiciones climáticas. Por eso debes pensar en una alternativa si es que llueve torrencialmente ese día. Además, ten en mente que también debes responsabilizarte de dejar el lugar completamente limpio.

Otra opción es la guardería de tu hijo o un club social. En muchas instituciones es permitido. Consúltalo con el directora(a); seguramente aprobarán acompañarte a homenajear a tu hijo junto con sus compañeritos. Deberás proveer la comida y la diversión, pero no dependerás tanto de si llueve o no.

Celebraciones en lugares que te proveen todos los servicios. Generalmente requieren un presupuesto más generoso, pues suele haber un costo básico para alquilar el local, más un costo por cada niño que asista a la fiesta. Sin embargo, suelen encargarse de la decoración del lugar, la diversión y la limpieza. Lo único que debes hacer es llevar la comida (incluso a veces la puedes comprar allí mismo), los platos… ¡y al festejado! Muchas veces te permiten acomodar grupos grandes, por lo que si tu familia es muy extensa, puede ser una buena opción.

Algunos son lugares cerrados, como salones especiales para fiestas infantiles, gimnasios para niños y museos infantiles. Otros son abiertos, como zoológicos y parques de diversiones. En este caso, nuevamente debes tomar en cuenta que las condiciones climáticas pueden hacerte una mala jugada.

La principal desventaja puede ser el costo (aunque no siempre) y que son muy estrictos con los horarios, pues suelen hacer muchas fiestas el mismo día. Pregunta si puedes extender la fiesta por media hora más si es necesario o si te cobran una penalidad por no terminar la celebración a tiempo. Averigua también si ellos pueden proveer la comida (y el precio), ya que eso puede quitarte un peso de encima.

Consejos Para el Festejo

Si ya vas a organizar una fiesta, sea del tamaño que sea, existen algunas recomendaciones prácticas que te pueden ayudar:

- Planifica con anticipación. Ello te va a facilitar la realización de la fiesta, para que no estés abrumada a última hora. Si vas a encargar el pastel de cumpleaños, hazlo por lo menos una semana antes.
- Busca la manera de saber cuánta gente asistirá. Si envías invitaciones por correo, pídeles a los invitados que confirmen su asistencia. Si estás haciendo una reunión más informal, sin invitaciones, llama a tus invitados dos días antes de la fiesta para confirmar que asistirán.
- Espera lo inesperado. Puede ser que tu bebé se enferme a última hora o que hayas planeado una fiesta afuera y llueva el día de la celebración. Lo mejor es tener un plan "B," es decir, una alternativa.
- Trata de disfrutar el momento. Los anfitriones son quienes suelen pasarlo peor a la hora de una fiesta, pero ésta no es cualquier celebración: es el primer cumpleaños de tu hijo. No pierdas de vista el verdadero sentido de la reunión que has organizado.

- Fija un límite de tiempo para la fiesta. Si vas a invitar a niños que tienen alrededor de un año de edad, acuérdate que se cansan rápido, por lo que no esperes que la celebración dure más de un par de horas. Es más: los expertos en planear fiestas recomiendan que la fiesta para esa edad dure entre

El parque de tu vecindario es una buena opción para la fiesta de su primer añito.

una hora y una hora y media. Incluye en la invitación el horario de la fiesta, tanto de inicio como de término.

- Incluye una variedad de actividades para divertir a los pequeños. Se ha puesto de moda elegir un tema para la primera fiesta del bebé, gracias en gran parte a que en el mercado se encuentran todo tipo de accesorios con los personajes o dibujos animados que les gustan a los niños. Puede haber un adulto disfrazado de un personaje infantil como Barney, Blue's Clues o los Teletubbies. También puedes colocar distintos juguetes al alcance de los niños para que se entretengan. Los payasos a veces no son muy recomendables, ya que los bebés pueden asustarse con ellos. Un *show* de títeres puede ser divertido, siempre y cuando el tema de la obra sea adecuado para la edad de los niños.

- La música alegra los corazones. Consigue casetes o discos compactos con música infantil y ponla a un volumen moderado para que ayude a crear un ambiente de fiesta infantil.

Los lugares especializados en fiestas te liberan de muchos detalles de la organización.

- Si vas a tener una piñata, trata de que esté rellena de objetos que no atraganten a los niños pequeños. La regla de oro es que cualquier objeto muy pequeño es potencialmente peligroso porque se puede quedar atascado en la boca o garganta de un bebé.
- No te olvides de los padres. Los adultos tienen otras necesidades, por lo que planifica tener suficientes sillas para ellos, bebidas y algo para comer.
- Ten listo un botiquín. Los niños se caen y a cada rato sufren accidentes. Lo mejor es estar preparado con un estuche de primeros auxilios que contenga un ungüento o loción desinfectante, parches autoadhesivos, gasa y pinzas.
- No te olvides de la cámara de fotos y/o video. Es tan obvio, que a veces a los padres se les olvida tener a mano un instrumento que les permita guardar para siempre el recuerdo del primer cumpleaños de su bebé.

todobebé

Festeja Sin Descuidar la Seguridad de los Niños

Además de tener un botiquín a la mano y de evitar colocar objetos muy pequeños en la piñata, necesitas ocuparte de la seguridad de tu bebé y los invitados, justamente porque son tan chiquitos. Hay detalles que pueden parecer insignificantes pero que te pueden provocar grandes dolores de cabeza si los ignoras.

Por ejemplo, la decoración puede ser muy sencilla, con globos de colores, pero es preferible

Actividades como marionetas y pompas de jabón fascinan a los pequeños.

que no sean de látex. ¿Por qué? Lo que sucede es que en caso de que se revienten, los bebés podrían agarrar un pedazo y llevárselo a la boca. Esto es muy peligroso y debes prestar mucha atención.

Revisa también con anticipación el lugar donde será el cumpleaños, para que no haya zonas peligrosas para niños pequeños. Por ejemplo, si hay enchufes expuestos, piscinas o albercas sin rejas, mesas con ángulos en punta o escaleras sin rejas de seguridad, el festejo podría tornarse en un día triste si llega a ocurrir un accidente. Si chequeas todo días antes, eso te da tiempo para solucionar las deficiencias de seguridad o por último, cambiar el lugar.

Como te mencionamos, si pones objetos muy pequeños en la piñata, los niños muy chiquitos se pueden atragantar. Por eso te sugerimos:

- Bolsas chiquitas con galletas de animales
- Calcomanías o autoadhesivos
- Sonajas
- Mordedores
- Pelotas de colores (tamaño mediano o grande)

Tus invitados no sólo se divertirán sino que lo encontrarán muy original.

Ideas para Fiestas con Más Adultos que Niños

Si a la fiesta acudirán más adultos que niños, te presentamos las siguientes ideas para divertir a los mayores:

- Haz que tu bebé sea toda una celebridad. Si tienes acceso a un computador, escribe un boletín que simule un diario. Si eso es muy complicado, escribe frases en letras grandes como titulares en tu procesador de textos. Imprímelas, recórtalas y pégalas encima de los titulares de la primera plana de un periódico local. Por ejemplo: Andrés celebra su primer año. Coloca una foto del bebé donde haya estado la fotografía original del diario. Puedes decorar el lugar de la fiesta con fotos divertidas de tu bebé y darle cámaras fotográficas desechables a los invitados adultos para que jueguen a ser "paparazzi."
- Todos fueron bebés. Esta idea es genial para divertir a los adultos, ya que le pides a cada invitado que traiga una foto suya cuando era un bebé. Apenas llegue a la fiesta, vas pegando las fotos con cinta autoadhesiva sobre una

cartulina o un cartón forrado. A la mitad de la fiesta, se puede jugar a adivinar de quién es cada foto.

- Herencia para el futuro. Nuevamente es una buena idea para fiestas donde hay muchos adultos. Se le pide a cada invitado que le escriba algo al festejado, como qué profesión creen que tendrá cuando sea grande, una anécdota que haya sucedido en este primer año o un consejo para la vida. Se puede leer en voz alta cada papel o simplemente guardarlo en una caja para que el niño pueda ver este regalo cuando pueda comprender lo que significa. La decoración del lugar puede consistir en artículos de diarios o revistas publicados el año en que nació el bebé, junto con carátulas de los discos que estuvieron de moda o fotos de las películas más taquilleras del año.

Lista para la Fiesta de Cumpleaños de Tu Bebé

Como hay tantas cosas de las cuales preocuparse cuando organizamos una fiesta, aquí tienes una lista o guía para que sepas qué necesitas a la hora de festejar a tu bebé:

Información general de la fiesta:

- Fecha y hora:
- Lugar:
- Tema o tipo de decoración:
- Cantidad de invitados:
- Menú:

Se necesitan:

- servilletas
- platos desechables
- vasos
- cubiertos
- mantel (los de plástico son muy prácticos)
- faldón decorativo para la mesa (opcional)
- accesorios para servir (como bandejas)
- centro de mesa
- decoración para el lugar de la fiesta
- globos (evitar los de látex)
- papel picado (confetti, pica pica o chaya)
- velas o candelas (y algo para encenderlas)
- invitaciones
- tarjetas de agradecimiento
- pastel de cumpleaños
- música para la fiesta (infantil)
- comida
- refrescos
- hielo

Otros (opcionales):

- libro para que firmen los invitados
- piñata
- cámaras fotográficas desechables
- sorpresas o recuerdos para los invitados
- sombreros o gorros
- etiquetas para nombres

todobebé

- cartel para el jardín (para indicar que hay una fiesta)
- burbujas o pompas de jabón

El Menú: Deleita a Grandes y Chicos

El primer cumpleaños no permite un menú muy elaborado para los más chiquitos, pero sí puedes ofrecerles muchas cosas que les gustarán a los bebés que ya comen alimentos sólidos.

Por ejemplo, puedes ofrecer:

- Emparedados o sándwiches de queso crema (*cream cheese*) en pan de molde o miga. Si usas moldes para cortar galletas, puedes darles formas divertidas.
- Ensalada de fruta picada, como manzanas y plátanos (banano o cambur) en trozos chiquitos que no atoren al bebé.
- Cereales secos, preferentemente sin azúcar (como Cheerios)
- Cubos de queso
- Puré de manzana o camote (boniato o batata)
- Galletas de animales
- Galletas saladas en forma de peces

Para los más grandes (léase los padres), también haz (o compra) algo sencillo para que no te compliques ni gastes demasiado:

- Ensaladas surtidas
- Pizza
- Sándwiches o emparedados de: queso derretido, queso y jamón, pavo, atún, tomate y queso mozarella, pepinos con queso crema.
- Bastones de verduras (*crudités*) con salsa o guacamole
- Sushi (rollos japoneses de pescado crudo o vegetales)
- Tacos

- Alitas de pollo con salsa barbacoa o agridulce
- Arroz con pollo o paella

¡Esperamos que el cumpleaños de tu hijo resulte maravilloso!

Una buena idea es separar la comida para los adultos y dejar al alcance de los niños sólo los pasabocas aptos para ellos.

Todobebé Resumen: Lo que Necesitas Saber para Festejar el Primer Año de Tu Bebé

Siempre es importante evaluar cuál será la edad promedio de los invitados, ya que de acuerdo a eso te será más fácil planearlo todo, desde la comida hasta la diversión. Algunas recomendaciones prácticas que te pueden ayudar:

- Planifica con anticipación el cumpleaños de tu bebé.
- Busca la manera de saber cuánta gente asistirá.

- Espera lo inesperado. Puede ser que tu bebé se enferme a última hora o que hayas planeado una fiesta afuera y llueva el día de la celebración.
- Trata de disfrutar el momento. Los anfitriones son quienes suelen pasarlo peor a la hora de una fiesta, pero ésta no es cualquier celebración: es el primer cumpleaños de tu hijo.
- Fija un límite de tiempo para la fiesta. Los expertos en planear fiestas recomiendan que la fiesta para un niño de un año dure entre una hora y una hora y media. Incluye en la invitación el horario de la fiesta, tanto de inicio como de término.
- Incluye una variedad de actividades para divertir a los pequeños. Puede haber un adulto disfrazado de un personaje infantil o puedes colocar distintos juguetes al alcance de los niños para que se entretengan.
- Consigue casetes o discos compactos con música infantil y ponla a un volumen moderado para que ayude a crear un ambiente de fiesta infantil.
- Si vas a tener una piñata, trata de que esté rellena de objetos que no atraganten a los niños pequeños.
- Los adultos tienen otras necesidades, por lo que planifica tener suficientes sillas para ellos, bebidas y algo para comer.
- Ten listo un botiquín.
- No te olvides de la cámara de fotos y/o video. Es tan obvio, que a veces a los padres se les olvida tenerla a mano.

Además de tener un botiquín a la mano y de evitar colocar objetos muy pequeños en la piñata, necesitas ocuparte de la seguridad de tu bebé y los invitados, justamente porque son tan chiquitos. Evita los globos de látex y vigila que el lugar sea "a prueba de bebés."

Y recuerda disfrutar el momento. No hay que perder de vista el verdadero sentido de la fiesta: ¡festejar el primer añito de tu bebé!

dieciséis

Guía Rápida para Padres Primerizos

En este capítulo: Cómo Cambiar un Pañal Desechable—Cómo Esterilizar el Biberón—Cómo Preparar un Biberón o Mamila con Fórmula—Cómo Dar un Biberón—Cómo Sacarle los Gases al Bebé y Hacerlo Eructar—Cómo Bañar a un Bebé—Cómo Envolver a Tu Bebé con una Manta

Ya sea porque nunca habías tenido contacto con un bebé o porque sencillamente no sabes cómo cuidar de uno, te queremos ayudar con esta guía rápida y muy resumida.

Cómo Cambiar un Pañal Desechable

Primero reúne todos los implementos que necesitarás: algodón y agua o toallas húmedas (*baby wipes*), pañales y crema para evitar la irritación. Coloca al bebé sobre su espalda, desvístelo y coloca el pañal limpio debajo de sus nalgas con la parte decorada mirando hacia delante (los pañales desechables vienen con dibujos generalmente de personajes infantiles). Limpia la zona de los genitales con suavidad. En el caso de las niñas, debes limpiarlas de adelante hacia atrás para que no se ensucien. Si cambias el pañal a un varón, debes tener cuidado de limpiar bien los pliegues de su pene y escroto. Deja que la zona se seque un poco y luego aplica la

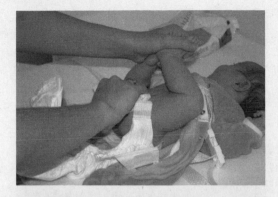

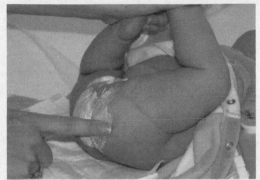

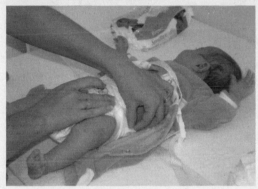

Al cambiar el pañal de tu bebé recuerda tener siempre todos los implementos a mano. Limpia la zona con una toalla húmeda o de algodón mojado, coloca la crema para evitar rozaduras y cierra el pañal.

crema o ungüento que previene la irritación. Cierra el pañal cuidando de no dejarlo demasiado ajustado ya que podría incomodar al bebé.

CONSEJO SI EL PAÑAL PARECE NO AGUANTAR LA ORINA DE TU BEBÉ

Al momento de comprar pañales desechables, hay que regirse por el peso de tu bebé. Sin embargo, si cada vez que cambias el pañal y a pesar de haberlo colocado correctamente, ves que la ropa de tu chiquito está mojada, quizás es momento de pasar a una talla más grande.

Cómo Esterilizar el Biberón

Durante los primeros meses de tu bebé se recomienda esterilizar sus biberones o mamilas después de lavarlos con agua y jabón. Puedes hacerlo hirviendo agua en una olla y colocando en ella los teteros con sus respectivas tetinas durante cinco minutos. O puedes comprar un esterilizador eléctrico que realiza todo el proceso en ocho minutos. También hay esterilizadores para el microondas que hacen la tarea en tan sólo tres minutos. Considero que funcionan igual de bien, pero el esterilizador eléctrico suele tener mayor capacidad, por lo que te permite limpiar más implementos a la vez.

Un esterilizador eléctrico es una opción muy práctica.

Después del proceso de esterilización, necesitas armar los biberones para dejarlos listos para la leche materna o fórmula láctea que le darás al bebé. Hazlo siempre después de haberte lavado bien las manos.

Cómo Preparar un Biberón o Mamila con Fórmula

Lo primero es lavarte las manos y reunir todos los implementos. Revisa que estén limpios. Después, toma el tarro de fórmula y sigue las instrucciones al pie de la letra agregándole agua hervida o purificada. Si mezclas el polvo de la leche artificial con demasiada agua, tu bebé no recibirá la nutrición que necesita, y si usas menos

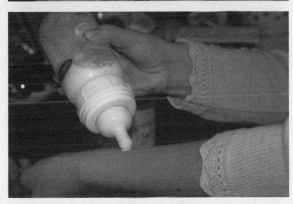

Siempre lávate las manos y sigue las instrucciones para preparar el biberón con la leche artificial. Recuerda probar la temperatura de la leche en tu antebrazo.

agua que la recomendada, tendrá problemas para digerirla e incluso podría deshidratarse.

Puedes mezclar el polvo con el agua agitando el biberón con la tapa puesta sobre la tetina para evitar que la leche se salga y salpique.

Si necesitas entibiar la leche porque así le gusta a tu pequeñín, puedes colocar agua caliente en una taza y luego poner el biberón en ella. No sucumbas a la tentación de calentar la mamila en un microondas, ya que la leche se calentaría de manera desigual y sin querer podrías quemar la boca de tu bebito.

En todo caso, siempre hay que probar la temperatura de la leche del biberón antes de dárselo a tu hijo. La manera más fácil es colocar el tetero con la tetina o chupeta hacia abajo y dejar que caiga una gota de leche sobre el interior de tu brazo. Si está muy caliente, espera a que se enfríe antes de alimentar a tu bebé.

Debes desechar la fórmula preparada después de una hora sin refrigerar y luego de veinticuatro horas si la refrigeras.

Cómo Dar
un Biberón

Nunca le des el biberón al niño cuando está acostado, para evitarle infecciones de oídos.

Lo mejor es apoyar a tu bebé en tu brazo, como semi sentado, y sujeta el biberón usando un ángulo apropiado de modo que la leche llene el cuello de la mamila y el chupón o tetina. De esta forma el bebé no tragará aire que luego se puede convertir en gases o hipo (que son dolorosos y le pueden provocar llanto). Deja que el bebé tome la cantidad de leche que quiera. Háblale despacio y muy dulcemente. Y disfruta cuando tu bebé se quede dormido profundamente y sientas cómo se relaja su cuerpo en tus brazos.

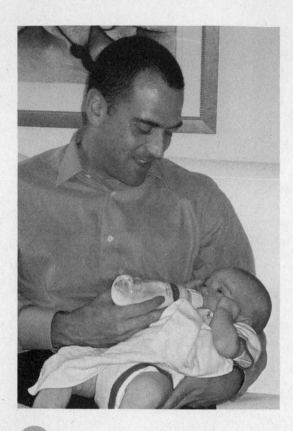

Papá da el biberón al bebé mientras comparte con su hijo un momento maravilloso.

Cómo Sacarle los Gases al Bebé y Hacerlo Eructar

Es muy importante ayudar a los bebés a botar los gases (también conocido como hacerlo repetir, sacarles provecho, o botar chanchitos). Para hacerlo eructar prueba estas posiciones:

1. Apoya al bebé sobre tu hombro y dale palmaditas suaves en la espalda con movimientos ascendentes que suban por la espalda del niño.

2. Sienta al bebé sobre tu regazo mientras lo sujetas firmemente con una mano. Inclina su cuerpecito hacia adelante mientras sujetas su barbilla y dale palmaditas suaves en la espalda.

3. Coloca al bebé boca abajo sobre tu regazo, cuidando de no obstruirle su respiración. Dale golpecitos muy suaves en la espalda.

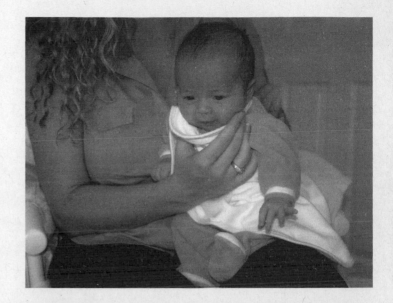

Estas dos posiciones son muy recomendables para sacar los gases al bebé.

Cómo Bañar a un Bebé

Si bañas a un recién nacido, debes cuidar de no mojar la zona del ombligo hasta que no se caiga su cordón umbilical. Por eso es mejor lavar al bebé con una esponja con agua tibia (no caliente). Puedes usar un jabón neutro o champú para bebés pero no es obligatorio.

Una vez que se cae el cordón umbilical, puedes mojar a tu bebé. Báñalo con agua tibia y siempre verifica que la temperatura no esté muy caliente metiendo el codo en la tina o recipiente que usarás para bañar a tu bebé. Puedes comenzar lavándole la cabeza con champú para bebés y luego seguir con el resto de su cuerpo, dejando la zona de los genitales para el final. Es conveniente tener aparte un recipiente con agua limpia y usarlo para enjuagar al bebé para que así no le entre agua con jabón en los ojos y asegurarte que has enjuagado a tu hijo con agua limpia.

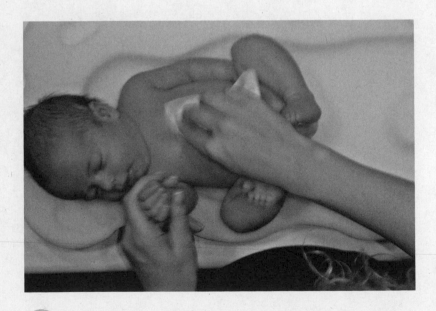

Mientras no ha cicatrizado el ombligo, es recomendable sólo pasar una toalla o esponja húmeda para limpiar al bebé.

En todo caso, sea un bebé chiquito o grande, jamás puedes dejarlo desatendido. Ni por un segundo. Los accidentes ocurren en cosa de segundos y ese teléfono que suena tan insistentemente puede esperar. Los bebés se pueden ahogar en muy poca agua, así que no arriesgues su vida.

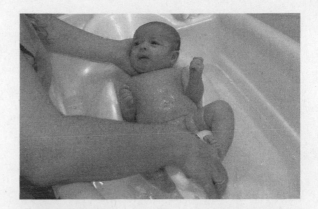

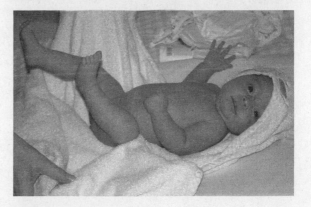

Recuerda siempre revisar la temperatura del agua antes de bañar a tu bebé y sujetarle la cabeza en la tina. Nunca puedes dejarlo desatendido.

Cómo Envolver a Tu Bebé con una Manta

En los hospitales suelen envolver como tamales a los bebés y ahora hay estudios que señalan que esto ayuda a calmarlos e incluso permite que concilien mejor el sueño. Para envolver a tu bebé, coloca una frazada o cobija delgada sobre una superficie plana.

Dóblala diagonalmente para formar una especie de triángulo y coloca la punta donde irán los pies del bebé. Coloca al bebé encima de la manta y agarra una punta y crúzala sobre el pecho del bebé y llévala hacia el lado opuesto, guardándola en la zona de la espalda. Toma la otra punta y crúzala hacia el otro lado. Finalmente dobla hacia adentro la punta donde están los pies. Eso sí, nunca cubras su nariz ni su boca.

¡Mucha suerte! Y recuerda que nadie nació sabiendo cómo cuidar de un bebé.

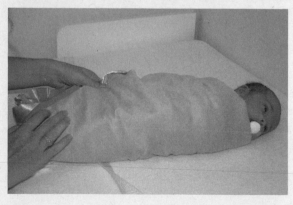

Dobla la cobija, coloca la cabeza del bebé sobre el doblez y lleva cada punta al lado opuesto. Así calmarás a tu bebé.

diecisiete

Números Útiles

Aquí tienes una lista de números telefónicos y de sitios de internet que te pueden ser útiles.

Salud

Línea Nacional Prenatal Hispana/ *National Hispanic Prenatal Helpline*
1-800-504-7081

Centro para el Control de Envenenamientos/ *Poison Control Center*
1-800-222-1222

Su Familia: *The National Hispanic Family Health Helpline*
1-866-783-2645

Centro Nacional de Información de la Salud de la Mujer/
National Women's Health Information Center
1-800-994-9662

Centros para el Control y Prevención de Enfermedades
1-888-246-2857
www.cdc.gov/spanish

Número de ayuda de la Asociación Nacional de Salud Mental/
National Mental Health Association Help Line
1-800-969-6642 (para español marcar 1 mientras sale la grabación en inglés).

Número Nacional sobre Inmunizaciones/ *National Immunization Hotline*
(Spanish)
1-800-232-0233

Agencia para las Investigaciones y la Calidad de los Servicios Médicos/
Agency for Healthcare Research and Quality (AHRO)
www.ahrq.gov/consumer/espanoix.htm

Información y Asistencia en General

Early Head Start
1-866-763-6481
www.ehsnrc.org/spanish/ProgramLocator/ehssites.cfm

Línea Nacional de Asistencia a Víctimas de Violencia Familiar/
National Domestic Violence Hotline
1-800-799-SAFE (7233)

Todobebé
www.todobebe.com

Lamaze International
1-800-368-4404
www.lamaze.org

Mexican American Opportunity Foundation MAOF
323-890-9600 y 323-890-1555 (servicios comunitarios)
www.maof.org

Número Nacional para Familias Emigrantes/
National Hotline for Migrant Families
1-800-234-8848

Mamás solteras
www.madressolteras.org/
www.singlemothers.org (en inglés)
www.singlemoms.org

Información sobre seguros médicos

Kidcare Arizona
1-877-764-5437

Healthy Families (California)
1-800-880-5305 o 1-866-848-9166
www.healthyfamilies.ca.gov/

Kidcare Illinois
1-866-4-OUR-KIDS
www.kidcareillinois.com/

Florida Kidcare
1-888-540-5437
www.floridakidcare.org/

Colorado Child Health Plan Plus
1-800-359-1991
www.cchp.org

Georgia PeachCare for Kids
1-877-427-3224

Nueva Jersey
NJ Family Care
1-800-701-0710

New York Child Health Plus
1-800-698-4543

North Carolina Health Choice for Children
1-800-367-2229 (o 1-800-422-4658)

Carolina del Sur: Partners for Healthy Children
1-888-549-0820

Medicaid
1-800-362-8312
www.cms.hhs.gov/medicaid/consumer.asp

Medicare
1-800-MEDICARE (1-800-633-4227)
www.medicare.gov/Spanish/Overview.asp

todobebé

State Children's Health Insurance Program (SCHIP)
www.cms.hhs.gov/schip/.asp

TexCare Partnership
1-800-647-6558

Niños con condiciones especiales

Fundación March of Dimes para los Defectos Congénitos
1-888-663-4637
www.nacersano.org

Sociedad Nacional del Síndrome de Down
1-800-221-4602
www.ndss.org

Centro de Información de Recursos de la Sociedad de la Leucemia y el Linforma
1-800-955-4572
www.LLS.org

Red de Alergias y Asma/Madres de Asmáticos
1-800-878-4403
www.aanma.org

Brave Kids (para niños con necesidades especiales)
www.bravekids.org

Información sobre el reflujo infantil
www.infantreflux.org
www.infantrefluxdisease.org

Prematuros
www.prematuros.info (español)
www.prematurity.org (inglés)

Nutrición del bebé

Programa WIC (Women, infants and children):
Florida   1-800-342-3556
California   1-888-942-9675
Arizona   1-800-252-5942
Texas   1-800-942-3678
Nueva York   1-800-522-5006

La Leche League (Ayuda con la Lactancia Materna)
1-800-LA LECHE o 1-847-519-7730
www.laleche.org

Apéndice

Los 10 mejores consejos que he aprendido:

1. Cuando tu bebé no para de llorar, recuerda que no implica que seas una mala madre o un mal padre. Trata de descubrir qué te está tratando de decir tu hijo. Si todo falla, recuerda que con el tiempo las cosas andarán mejor. Cuando cumpla tres meses, confía en lo que te digo: tu bebé llorará cada vez menos. Aguanta y si en algún momento ya no soportas el llanto, deja a tu hijo en su cuna durante unos minutos para que te puedas calmar.

2. Siempre lleva contigo una bolsa plástica pequeña. Te puede servir para guardar pañales sucios, ropa sucia o un biberón que chorrea leche.

3. Cuando cambies el pañal de tu bebé, antes de quitárselo coloca uno limpio debajo de la colita de tu hijo. Esto te ayudará a cambiar el pañal con más rapidez y si tu chiquito tiene un "accidente," caerá sobre el pañal.

4. Saca fotos por lo menos una vez al mes. No te vas a dar ni cuenta y tu bebé ya estará por cumplir un año. Créeme que a uno se le olvida lo chiquito que es un recién nacido, cómo se ve tu hijo sin dientes o las muecas que hace cuando prueba una papilla de verduras.

5. Cuando tu bebé esté a punto de quedarse dormido pero mantiene sus ojos abiertos, suavemente acarícialo desde la mitad de su frente hasta la punta de su nariz. No sé por qué pero verás que cerrará los ojos casi por arte de magia.

6. Recuerda que antes de ser padres, tú y tu pareja eran hombre y mujer. No se olviden de cuidarse a sí mismos y de mimarse el uno al otro.

7. Cuando prepares papillas caseras para tu bebé, haz más porciones de las necesarias, para que puedas congelarlas.

8. Cuando tu bebé esté despierto, acostúmbralo a estar sobre su barriga (boca abajo) para que fortalezca sus brazos y espalda.

9. Lávate las manos cada vez que puedas. No sólo protegerás a tu bebé, sino que a toda tu familia, ya que las manos son la principal fuente de contagio de resfriados y otras enfermedades. Si se te resecan mucho, siempre puedes colocarte una crema humectante.

10. No mires el ser padres como una competencia. Ama a tu hijo tal cual es y deja de comparar a tu bebé con el de tu amiga o familiar. Algunos niños gatean antes, otros después; algunos comen muy bien, otros, muy poquito. Sin embargo, al final de cuentas, tu hijo es un ser único y muy especial que merece ser valorado y querido por sí mismo. Déjalo ser un bebé.

Si tú quieres compartir algún truco o consejo con nosotros, por favor escríbenos a libro@todobebe.com. ¡Me encantaría conocer tu experiencia!